insel taschenbuch 4814
Antonia Meiners
Lange Liebe

Erweiterte Neuausgabe

Erste Auflage 2020
insel taschenbuch 4814
© Insel Verlag Berlin 2020
© 2018 Elisabeth Sandmann Verlag GmbH, München

Umschlaggestaltung: Schimmelpenninck.Gestaltung, Berlin
Umschlagabbildung: Sven Simon/picture-alliance, Frankfurt am Main
Layout und Satz: Schimmelpenninck.Gestaltung, Berlin
Druck: Pustet, Regensburg
Printed in Germany
ISBN 978-3-458-68114-4

Antonia Meiners

Lange Liebe

Vom Glück des Zusammen-bleibens

Insel Verlag

Inhalt

3

Gemeinsam im Geiste

4

Eins sein in der Profession

5

Seelenverwandte

Vorwort

»Will you still need me, will you still feed me
When I'm sixty-four?«

Der Beatles-Song stellt sehnsüchtig die eine Frage, die das Glück der Verliebten immer wieder hoffnungs- oder auch sorgenvoll begleitet: Wird sie halten, unsere Liebe? Werden wir auch nach Jahrzehnten noch glücklich miteinander sein? Einer aktuellen Umfrage zufolge glauben 65,7 Prozent der Deutschen, dass es die eine Liebe gibt, die ein Leben lang währt. Trotz einer offenbar sinkenden Bereitschaft, Beziehungskrisen durchzustehen, trotz zunehmender Trennungen und hoher Scheidungsraten halten die meisten von uns an der romantischen Idee einer auf gegenseitiger Zuneigung beruhenden Zweisamkeit fest, in der Liebe, Partnerschaft und Sexualität idealerweise zusammengehören. Und das ohne gesellschaftliche Zwänge, denen noch unsere Großeltern unterworfen waren, für die aufgrund herrschender Moralvorstellungen die Ehe, vor allem als heiliges Sakrament, ein unauflösbarer Bund war, besiegelt durch Gottes Wille – egal ob glücklich oder nicht. Heute »muss« niemand mehr heiraten, wenn »ein Kind unterwegs« ist. Längst ist es kein Stigma mehr, eine geschiedene Frau zu sein; und ebenso wenig führt ein Leben ohne Trauschein zu gesellschaftlicher Ausgrenzung.

Geblieben aber ist die Sehnsucht nach der großen Liebe, die nie vergeht. Und so blicken wir mit viel Sympathie und Bewunderung auf Paare, die auch noch am Ende ihres gemeinsamen Lebens aufmerksam und liebevoll miteinander umgehen. Modelle hierfür gibt es, so wie Elizabeth II. und Prinz Philip, die nun schon Gnadenhochzeit feiern konnten, oder das nette ältere Paar von nebenan, das Hand in Hand oder sich rücksichtsvoll stützend die Straße überquert.

Dieses Buch stellt Paare vor, deren Liebe Prüfungen, die ein langes Zusammenleben mit sich bringt, erfolgreich gemeistert haben. Sie leben zu verschiedenen Zeiten und stammen aus unterschiedlichen sozialen Bereichen, doch es eint sie alle ihr unbedingtes Zusammengehörigkeitsgefühl – nicht, weil sie die einmal empfundene Liebe über alles stellen, sondern weil sie mit ihrer Liebe leben, die sie gegen die Anwürfe des Lebens wappnet und Krisen besser durchstehen lässt. Lieben heißt für sie, aus freiem Willen zusammen zu sein und nicht wegen der Konvention, wegen der Kinder, aus finanziellen Gründen, aus Gewohnheit oder Angst vor dem Alleinsein. Die Beweggründe, die eine Liebe fortbestehen lassen und sie auch immer wieder erneuern, reichen von dem verbindenden Engagement für eine Sache, wie bei Louis Aragon und Elsa Triolet, bis zu einer Konstellation, in der ein Partner sein Leben für den anderen lebt, wie bei Pierre Bergé und Yves Saint Laurent.

Bis ins späte Mittelalter hatten Liebe und Ehe nur wenig miteinander zu tun. Die Ehe war eine Schutz- und Zweckgemeinschaft, und den adligen Familien diente sie in erster Linie der Zeugung legitimer Erben und damit der Erhaltung von Dynastien. So hielt man noch bis weit ins 20. Jahrhundert an den strengen Auswahlkriterien bei Eheschließungen fest. Die Herkunft hatte zu stimmen, und fruchtbar mussten die Erwählten sein, alles andere blieb zweitrangig. Leidvoll erfahren musste dies Prinz Bertil von Schweden, Anwärter auf den schwedischen Königsthron. Er verliebte sich in Lillian May Davies, mit der er fast 30 Jahre in illegitimem Status lebte, bis sie 1976 endlich heiraten durften. Großbritanniens König Edward III. verzichtete gar für seine »krönende Liebe« Wallis Simpson auf das königliche Amt. Dass innerhalb unumstößlicher Standesregeln zwei Liebende zueinanderfanden, war wie bei Friedrich Wilhelm III. und Preußens Königin Luise ein Glücksfall. Deren »gekrönte Liebe« ist längst zu einem Mythos geworden, noch heute gern beschworen in der Literatur und in den Medien, denn die Öffentlichkeit ist begierig, mehr zu erfahren über das Glück anderer. Sie möchte teilhaben an den großen Gefühlen von Paaren aus der Politik, der Literatur, der Kunst oder dem Showbiz, möchte wissen, wie es möglich ist, die Liebe zu leben.

Dieses Buch taucht in die Lebensläufe zweier Menschen unterschiedlichster Herkunft und auch ganz verschiedener Charaktere ein und findet Gemeinsamkeiten, um vielleicht hinter das Geheimnis der »ewigen Liebe« zu kommen. Es sind nicht immer dieselben beruflichen Interessen, die im Zentrum der Beziehung stehen müssen, wie bei Hans Arp und Sophie Taeuber, oder gleiche politische Ziele wie bei Anita Augspurg und Lida Gustava Heymann. Die lebenslange Liebe ruht auf mehreren Pfeilern: dem wachen Interesse daran, was der oder die andere tut, denkt und fühlt, und einer unbedingten – wenn auch bisweilen schmerzhaften – Aufrichtigkeit gegenüber dem Partner als Basis unerschütterlichen Vertrauens. Und vor allem auf gegenseitiger Akzeptanz aller Stärken und Schwächen. Dabei steht eine klare Rollenverteilung der Liebe keineswegs entgegen, vorausgesetzt, beide bejahen diese Konstellation in freier Entscheidung, aus Liebe für den anderen. Dem gemeinsamen Glück, sich im anderen zu finden, die lebenslange Verbundenheit, die ewige Liebe – ein Traum, von manchen auch gelebte Wirklichkeit.

Senta Berger
Michael Verhoeven

*1941 & *1938

SEIN HERZ

Das war eine aufregende Zeit. Michael und ich wollten heiraten. Im September 1966. Michael hatte gerade sein erstes medizinisches Staatsexamen gemacht mit »magna cum laude« – er würde das nie erzählen, aber ich darf das – und ich drehte einen Film nach dem anderen.

Zwischen dem italienischen und dem französischen Film sollte unsere Hochzeit sein. Schon zwei Mal mussten wir sie verschieben. Jedes Mal deswegen, weil ein amerikanischer Film später als geplant beendet wurde und der nächste früher als gedacht begann. In Los Angeles wollten wir nicht heiraten. Wir wollten doch gemeinsam mit unseren Eltern und Freunden feiern. Mein Vater wäre niemals nach Amerika geflogen. Für seine Reise von Wien nach München zu unserer Hochzeit musste er sich erst einmal einen Reisepass besorgen, denn er hatte Österreich, ja Wien, noch nie verlassen.

In den Sechzigerjahren begann das Medienzeitalter. Es war ein sehr bescheidener Beginn. Es gab noch nicht so viele Zeitungen, noch nicht so viele Illustrierte oder gar Fernsehmagazine, die wöchentlich, gar täglich mit Tratsch und Klatsch gefüttert werden mussten. In Deutschland war die Veröffentlichung des Privaten noch weitgehend freiwillig. Dennoch gab es drängende Anfragen von Presseagenturen, Journalisten, Fotografen, die gehört hatten, was man munkelte, und die unbedingt Bilder haben wollten für den Titel »Hollywoodstar heiratet Medizinstudenten« – eine Zeile, die in ihrer schlagkräftigen Verkürzung und auch in den griffigen Variationen »... liebt Medizinstudenten, »... betrügt Medizinstudenten«, »... verlässt Medizinstudenten« sehr beliebt war. Die Vorbereitungen zu unserer Hochzeit am 26. September 1966 geschahen also unter äußerster Geheimhaltung. Wir wählten ein Standesamt am Münchner Schlachthof anstelle des Standesamtes für Prominente am Englischen Garten. Es gab keinen Aushang.

Den Polterabend verbrachten wie auf der »Wies'n«, auf dem Oktoberfest. Wir hatten einen langen Tisch auf der Empore des Schottenhamel-Zelts. Unsere Familien, unsere Freunde – alle waren da. Die allerwenigsten jedoch wussten, dass dieses ausgelassene Fest auf der Wies'n, zu dem wir geladen hatten, ein Polterabend für ein Brautpaar war. Damals gab es noch nicht diese gnadenlosen Verstärker. Die Musik spielte, aber man konnte sich dabei noch unterhalten, ohne dabei zu brüllen, man konnte sogar noch tanzen, ohne dabei auf Bänke und Tische steigen zu müssen.

Wenn ich die Fotos von diesem Abend sehe – ein Freund hat sie gemacht –, dann sehe ich meine rotglühenden Backen, sehe das Glück, die Erwartung in meinen Augen und den Spaß über den geglückten Streich der »heimlichen« Hochzeit.

Nach dem Hendl sind wir dann alle hinaus, schnell, bevor die Wies'n schließt. Der Michael schießt mir ein großes rotes Herz, wie sich das gehört, und die Besitzerin der Achterbahn lässt sich erweichen zu einer letzten, zu einer allerletzten Fahrt vor der Polizeistunde, und wir beide, Braut und Bräutigam, stürzen fest aneinandergeklammert in die Tiefe und fliegen in die Höhe – wie das eben so ist im Leben.

Es war schon späte Nacht, als wir heimkamen. Meine letzte Nacht als unverheiratetes Mädchen. Kalt war mir, seltsam war mir zumute, glücklich und ängstlich zugleich. Ich wollte mich unter die Decke kuscheln – da sah ich das Herz auf meinem Kissen. Nein, nicht das große, rote, das Michael mir geschossen hatte, sondern ein kleines, schön geschwungen aus Holz geschnitzt, mit einer goldenen Flamme, ein Herz so groß wie meine Hand.

Auf der Unterseite des Herzens war ein kleines Schiebetürchen. Ich öffnete es und fand ein vielfach zusammengefaltetes Briefchen, geschrieben auf einer der Karteikarten, wie Michael sie für seine Doktorarbeit verwendete. Ich war damals schon verliebt in Michaels Handschrift.

Was er mir schrieb, war ein Versprechen. Ein Versprechen, das er mir gab für unser gemeinsames Leben. Es war ein Blick in die Zukunft, wie ihn junge starke Menschen wagen dürfen. Eine Ermutigung damals und auch viel später noch, als wir beide schon längst gewusst haben, dass man nicht unbeschädigt durch das Leben kommt. Niemand.

»Das Herz begleitet mich. Immer.
Ja, ich habe es auch schon – nach einem Streit – in Ecken
gepfeffert, um dann, auf dem Bauch liegend danach zu
suchen, zwei Zacken der Flamme sind schon
gebrochen. Aber ich habe es noch. Michaels Herz.
Ich habe sein Herz in meiner Hand.«

Senta Berger

1

Gekrönte Liebe

Friedrich Wilhelm III. von Preußen & Königin Luise
Queen Victoria & Prinz Albert
König Edward VIII. & Wallis Simpson
Queen Elizabeth II. & Prinz Philip

Queen Victoria mit Prinzgemahl Albert
v. Sachsen-Coburg-Gotha, um 1861

Friedrich Wilhelm III. von Preußen
Königin Luise

1770–1840 & 1776–1810

Der Hohenzollernprinz und Luise, Tochter des Herzogs Karl zu Mecklenburg sowie dessen Gemahlin Friederike Luise von Hessen-Darmstadt, werden im Dezember 1793 im Berliner Stadtschloss vermählt. Die aus dynastischen Gründen zustande gekommene Ehe ist glücklich, auch in den schweren Zeiten der napoleonischen Besatzung. Der zweitälteste Sohn, Prinz Wilhelm, wird 1871 zum deutschen Kaiser gekrönt.

L iebe und persönliche Wünsche spielen für Fürstenkinder von jeher eine nachgeordnete Rolle bei der Partnerwahl, wenn es darum geht, die Dynastie zu erhalten oder ihren Machtbereich auszuweiten. Auch die Familie, in die Friedrich Wilhelm, Großneffe Friedrichs des Großen und ältester Sohn des preußischen Thronfolgers, am 3. August 1770 hineingeboren wird, ist davon geprägt: Seine Mutter Friederike von Hessen-Darmstadt leidet unter der mangelnden Aufmerksamkeit ihres Mannes Friedrich Wilhelm II., der seiner Geliebten Wilhelmine Encke – später Gräfin Lichtenau – eng verbunden ist und zudem zwei Ehen zur linken Hand eingeht. Sein Lieblingskind ist denn auch nicht sein Erstgeborener Friedrich Wilhelm, sondern Alexander von der Mark, genannt »das Anderchen« – der illegitime Sohn, den seine Mätresse zur Welt gebracht hat. Den Erzieher seines Ältesten weist er an: »Man breche ihm den Eigensinn und halsstarrigen Willen, der ihm nur von Nachteil sein kann.« Der Prinz muss sich schon früh den Zwängen am preußischen Hof unterwerfen.

Nach einer eher traurigen Kindheit aber soll es Friedrich Wilhelm besser ergehen: Er selbst trifft die Liebe seines Lebens – und sie ist standesgemäß.

Eine glückliche Prinzessin

Luise ist die Tochter des Herzogs Karl von Mecklenburg-Strelitz, der als Gouverneur des britischen Königs Georg III., seines Schwagers, in Hannover residiert. Geboren wird Luise am 10. März 1776 in Hannover, wächst aber nach dem Tod der Mutter mit ihrer Schwester Friederike bei der Großmutter Marie Luise von Hessen-Darmstadt auf. »Prinzessin George«, wie sie nach ihrem verstorbenen Mann genannt wird, schenkt ihren Enkelinnen eine Geborgenheit, wie sie Fürstenkindern nur selten zuteilwird. Das Alte Palais, in dem sie ohne Reglementierung und Hofetikette aufwachsen, bleibt für die Schwestern immer ein Sehnsuchtsort. Hier verleben sie eine glückliche Kindheit.

Als Luise 17 Jahre alt ist, hat die preußische Armee gerade gemeinsam mit den Österreichern Frankfurt am Main von den Franzosen befreit. Der Preußenkönig ist unter dem Jubel der Bürger in die Stadt eingezogen, und während der Wintermonate pausieren die Kampfhandlungen. Dem König zu Ehren beginnt eine glänzende Ballsaison, man lädt zu opulenten Festen, Oper und Schauspiel. In der Gesellschaft spricht sich bald herum, dass der König auf Brautschau ist für seine beiden Söhne, Friedrich Wilhelm und den drei Jahre jüngeren Ludwig. Grund genug für Prinzessin George, mit ihren Enkelinnen nach Frankfurt aufzubrechen. Frauenliebhaber Friedrich Wilhelm II. ist sofort angetan vom Reiz der Schwestern. Begeistert schreibt er nach Berlin: »Wir haben in lauter Fêten gelebt, die besonders durch die Anwesenheit hoher Fremder veranlasst worden, nämlich von der Prinzess George von Darmstadt und ihren beiden herrlichen Kindeskindern, den Töchtern des Prinzen Karl von Mecklenburg und also der Königin von England mit ihren Nichten. Wie ich die beiden Engel zum ersten Mal sah, es war am Eingang der Komödie, so war ich so frappiert von ihrer Schönheit, dass ich ganz außer mir war, als die Großmutter sie mir präsentierte. Ich wünschte sehr, dass sie meine Söhne sehen möchten und sich in sie verliebten. Den andern Tag ließen sie sich auf einem Ball präsentieren und waren ganz von ihnen enchantiert … Die beiden Engel sind, so viel ich sehen kann, so gut als schön.« Nach der ersten Begegnung auf dem Ball schwankt der Kronprinz noch zwischen der temperamentvollen, fröhlichen 17-jährigen Luise und der redegewandteren, charmanten 15-jährigen Friederike. Doch der Vater drängt. Dem jüngeren Ludwig ist es gleichgültig, welche von beiden er heiraten würde, er denkt vielmehr an seine Geliebte, die in Berlin auf ihn wartet. »Nach sorgfältiger Prüfung und Überlegung« entscheidet sich Friedrich Wilhelm schließlich für Luise, denn, wie er es später formulieren wird, hat sie »unendlich vielen natürlichen und richtigen Verstand und einen ebenso richtigen, prüfenden Überblick.« An Friedrich Wilhelm schätzt Luise dessen Ehrlichkeit, findet diesen eher unsicher als arrogant auftretenden Thronfolger sogleich überaus sympathisch. Nur wenige Tage später erfolgt die Verlobung, und kurz darauf beginnen die Kriegshandlungen erneut. In den vielen Briefen, die nun zwischen Friedrich Wilhelm und Luise hin- und hergehen, wächst eine Vertrautheit, wie man sie im hohen Adel nur selten findet. In diesen hoffnungsvollen, heiteren, traurigen, ernsten, sehnsuchtsvollen Liebesbriefen offenbaren sie sich ihr Inneres, schaffen eine Nähe zueinander, die Glück für ihr künftiges Zusammensein verheißt.

> *»Mit jungfräulicher Bescheidenheit,*
> *aber herzlichem Ausdruck willigte sie ein, ich frug,*
> *ob ich dürfte, und ein Kuss besiegelte diesen*
> *feierlichen Augenblick.«*

Friedrich Wilhelm erinnert sich an seinen Heiratsantrag

Am preußischen Hof

Überglücklich kann der Kronprinz am Abend des 21. Dezember 1793 seine Verlobte wieder in die Arme schließen. Nach den neun Tagen ihrer von jubelnden Menschen begleiteten Brautfahrt durch Deutschland erreichen die Schwestern das Potsdamer Stadtschloss, von wo es am nächsten Tag im Triumphzug weitergeht in die feierlich geschmückte Hauptstadt. Am Heiligen Abend findet die prunkvolle Hochzeit des Kronprinzenpaares im Berliner Schloss statt, zwei Tage darauf, ebenso prächtig, die des 20-jährigen Ludwig mit der 15-jährigen Friederike. Luise ist mit gemischten Gefühlen von Darmstadt abgereist, auf der einen Seite kann sie es kaum erwarten, mit ihrem geliebten Friedrich Wilhelm nun endlich zusammen zu sein, auf der anderen denkt sie mit Bangen an die Strenge des höfischen Lebens. In Friedrich Wilhelms Versprechen, ihr immer zur Seite zu stehen, findet sie zwar Trost, dennoch kostet es sie in den folgenden Wochen und Monaten viel Mühe, die vorgeschriebene Etikette zu akzeptieren und zu befolgen, Abschied zu nehmen von der Leichtigkeit ihres bisherigen Daseins. Dafür, dass die Kronprinzessin nicht über die Stränge schlägt, ist die 64-jährige Oberhofmeisterin Sophie Marie Gräfin von Voss verantwortlich, für Luise bald ein rotes Tuch – wenn sie auch später, liebevoll »Voto« genannt, eine enge Vertraute werden soll. So darf die Kronprinzessin nicht mit Untergebenen plaudern, nicht allein mit Friederike in der Kutsche ausfahren oder auf dem Ball mit irgendwelchen jungen Offizieren tanzen. Luise tanzt für ihr Leben gern, vor allem den modernen Walzer, aber auch der ist nicht gern gesehen.

Während der Karnevalszeit steht Berlin ganz im Zeichen des gesellschaftlichen Lebens, es gibt Opern- und Theateraufführungen, Empfänge, Diners und jeden Tag mindestens einen großen Ball. Luise und Friederike kosten diese Zeit aus, werden umschwärmt und genießen. Dies allerdings missfällt nicht nur der für die Einhaltung der Etikette zuständigen Oberhofmeisterin, sondern auch den Mitgliedern der königlichen Familie. Als sich gar ein Flirt mit dem Frauenliebling Prinz Louis Ferdinand, Neffe Friedrichs des Großen, anbahnt, schickt der König das Kronprinzenpaar im April 1794 nach Potsdam. Abseits des Trubels in Berlin und frei vom Reglement am Hof, finden Friedrich Wilhelm und Luise wirklich zueinander. »Die sechs Wochen, die ich in Potsdam mit ihm zugebracht habe, waren unstreitig die glücklichsten meines Lebens ... So ganz nach seinem Willen hab ich gelebt«, schreibt Luise. Von Potsdam aus entdecken sie auch den kleinen Ort Paretz, wo sie sich von David Gilly ein schlichtes kleines Landschloss errichten lassen. Ein Rückzugsort für sie und ihre Kinder – sieben bringt Luise allein bis zu ihrem Exil im Jahr 1806 auf die Welt –, mit denen sie nach 1797 die Sommer in Paretz verbringen und das einfache Dasein in der Natur genießen. So ein bürgerliches, unaufgeregtes Familienleben ist ganz nach ihrem Geschmack. Doch sind sie eben keine Bürger oder Gutsherren, sondern nach dem Tod Friedrich Wilhelms II. am 15. November 1797 König und Königin von Preußen.

> *»Ich habe das Medaillon mit Ihrem Bildnis erhalten.*
> *Tausend Dank, lieber Prinz, für dieses Geschenk, das seit Ihrer*
> *Abreise mein einziger Trost ist. Ich trage es alle Tage.«*

Luise, die »Kriegsbraut«, schreibt an Friedrich Wilhelm

König und Königin

In den nunmehrigen König Friedrich Wilhelm III. setzt man große Hoffnungen. Preußen ist hoch verschuldet und bedarf dringender Reformen. Vor dem bis dahin von allen wichtigen Staatsgeschäften ausgeschlossenen jungen König stehen schwere Aufgaben, die ihn nicht nur einmal überfordern. Er wird launisch, eigensinnig, egoistisch – so jedenfalls die Wahrnehmung seiner Umgebung. Luise aber hält zu ihm. Ihre Schwester Therese meint nach einem Besuch in Berlin, dass wohl jede

andere Frau mit so einem schwierigen Mann unglücklich wäre, doch Luise verfüge über die nötige Portion Gelassenheit und Vernunft und »das mächtigste aller Mittel, die Liebe«. Für Friedrich Wilhelm wird Luise zu einem Fixpunkt, zu seiner engsten Vertrauten, zur unentbehrlichen Gesprachspartnerin. Zwangsläufig bezieht er sie daher in die Staatsgeschäfte mit ein, schätzt ihre Fähigkeit, sich auf seine Probleme einzulassen, reagiert aber wiederum gereizt auf ihre Versuche, seine Entscheidungen zu beeinflussen. Denn anders als der König, dessen Hang zum Pessimismus ihn oft zaudern lässt, ist die Königin neuen Ideen gegenüber aufgeschlossen und besitzt Entschlusskraft.

Besonders deutlich wird dieser Gegensatz, als Zar Alexander 1805 in Berlin weilt, um Preußen zu einem Bündnis mit Russland gegen Napoleon aufzufordern. Friedrich Wilhelm fürchtet einen Krieg. Den hat er schon 1793 hautnah erlebt, als die preußische Armee gegen das französische Revolutionsheer kämpfte. Die Grausamkeit und das Leid, mit dem er dabei konfrontiert wurde, sind ihm noch in Erinnerung, und

Königin Luise und Napoleon, Tilsit 1807, Gemälde von Nicolas Gosse, 1837

er möchte sein Volk damit verschonen. Er zögert daher, während Luise ihn anfleht, sich nicht mit Schande zu bedecken und zuzustimmen. Doch Friedrich Wilhelm weist seine Frau schroff zurück, deutet auf einen Strickstrumpf und gibt ihr zu verstehen, dass dies ihr Geschäft sei, um anderes solle sie sich nicht kümmern. Eine Grobheit, die vielleicht auch seiner Eifersucht geschuldet ist, denn es ist kaum zu übersehen, dass Zar Alexander auf Luise eine starke Anziehung ausübt. Als Preußen ein Jahr darauf tatsächlich in den Krieg einsteigt und Napoleon am 14. Oktober 1806 das preußische Heer bei Jena und Auerstedt vernichtend schlägt, verunglimpfen die Franzosen Luise in Karikaturen nicht nur als »kriegslüsterne Amazone«, sondern auch als Liebchen des Zaren. Eine für sie nicht zu verwindende Kränkung. Dass sie sich im Juli 1807 dennoch bereit erklärt, Napoleon bei dem Treffen in Tilsit um einen für Preußen annehmbaren Frieden zu bitten, kostet sie daher große Überwindung. Aber sie tut es als Königin von Preußen und für ihren Mann, dessen Stütze sie immer bleibt.

Einmal zitiert Friedrich Wilhelm scherzhaft ihre Bemerkung: »Wenn ich ihn nicht halte, fällt er um.« Selbst als er 1806 in die Schlacht gegen Napoleon zieht, wünscht er, dass Luise ihm in einer Kutsche folgen möge. Nur durch einen Zufall entgehen die beiden der Gefahr einer Gefangennahme, und Luise kann nach Berlin zurückkehren.

In schwerer Zeit

Für die königliche Familie folgen schwere und entbehrungsreiche Jahre. Die Flucht vor den napoleonischen Truppen treibt sie über Küstrin, Königsberg bis nach Memel. Luise und die Kinder kämpfen mit dem rauen Klima, müssen häufig in nur mangelhaft ausgestatteten, zugigen Unterkünften nächtigen und nach karger Kost weiterziehen. Die Kinder kränkeln, und Luise leidet immer häufiger unter hohem Fieber. Erst als sich 1808 der Hof in Königsberg etablieren kann, kommt die Familie zur Ruhe.

Die Sorge um die Zukunft Preußens jedoch bleibt allgegenwärtig. Nicht zuletzt aufgrund der Empfehlung Luises holt Friedrich Wilhelm den Fürsten von Hardenberg, den Freiherrn vom und zum Stein und auch Wilhelm von Humboldt in den Kreis der Regierung und setzt sich für die Umsetzung der von ihnen ausgearbeiteten umfassenden Reformen ein.

Am 1. Februar 1808 bringt Luise in Königsberg ihr neuntes Kind zur Welt. Friedrich Wilhelm empfindet die Entbindungen immer als Glücksmomente, »wenn sie mich zuerst wieder an ihr Herz drückte und ihr Kleines in die Arme nahm«. Auf seinen Wunsch hin erhält die jüngste Tochter den Namen ihrer Mutter. Am 4. Oktober 1809 wird Albrecht als letztes Kind des Königspaares geboren, nur wenige Monate vor dem Ende des Exils. Am 23. Dezember ziehen der preußische König und die Königin wieder in Berlin ein, 16 Jahre, nachdem Luise das erste Mal in die Stadt gekommen ist. Nun aber bleibt der Jubel verhalten, Preußen stöhnt unter der Last der französischen Besatzer, die immensen Reparationsforderungen bringen das Land an den Rand des Untergangs.

Obwohl er sich nur ungern von seiner Frau trennt, erfüllt der König Luise im Sommer 1810 den Wunsch einer Reise nach Neu-Strelitz in das Schloss ihres Vaters. Es sind herrliche Tage, in denen auch Friedrich Wilhelm zu Besuch kommt und das Paar überaus glückliche Stunden erlebt, die sie an die Zeit in Paretz erinnern. Während eines Ausflugs nach Hohenzieritz aber erkrankt Luise schwer. Am 19. Juli stirbt Luise, die Königin von Preußen. Geschwächt von den Strapazen des Exils und wohl auch durch die zehn Schwangerschaften, ist sie nur 34 Jahre alt geworden. Den Sieg Preußens über Napoleon zu erleben, ist ihr nicht mehr vergönnt. Friedrich Wilhelm ist in ihren letzten Stunden bei ihr und bleibt untröstlich. Nachdem Luises Sarg am 23. Dezember vom Berliner Dom nach Charlottenburg überführt worden ist, äußert er gegenüber Marie von Kleist: »Überall, unter allen, allen Verhältnissen des Lebens fehlt sie mir. Mein ganzes irdisches Glück … ist vollends dahin. Mein Herz ist betrübt bis in den Tod.«

Noch im selben Jahr schreibt Friedrich Wilhelm III. die Erinnerungen an seine geliebte Frau nieder: »Vom Leben und Sterben der Königin Luise.« Darin heißt es an einer Stelle: »Sie hat mit meinen Schwächen vorliebgenommen, ich ihre Schwachheiten ertragen, denn wer hätte deren nicht, und so waren wir dennoch glücklich, unaussprechlich glücklich miteinander …«

Queen Victoria
& Prinz Albert

1819–1901 & 1819–1861

Als Victoria den deutschen Prinzen Albert von Sachsen-Coburg
1839 trifft, ist sie schon fast drei Jahre Königin von Großbritannien
und Irland, hat bisher jedoch nie an Heirat gedacht. Nun aber verliebt
sie sich Hals über Kopf, und die beiden feiern im Februar 1840 in
London Hochzeit. Nach anfänglichen Schwierigkeiten führen
sie eine überaus glückliche Ehe, aus der neun Kinder hervorgehen.
Um ihren Gemahl trauert die früh Verwitwete bis in ihr hohes Alter.

S ie könne »nur hoffen, niemals bis ins hohe Alter zu leben«. Möge
es ihr doch »vergönnt sein, wieder auf ihren geliebten großartigen
und ergebenen Gatten zu treffen, bevor viele Jahre vergehen«. Diese
Zeilen schreibt Victoria noch zwei Jahre nach dem Tod ihres Mannes,
und sie zeugen von dem unendlichen Schmerz der britischen Königin
über den Verlust. Doch ihr Wunsch wird nicht in Erfüllung gehen. Fast
40 Jahre wird sie ihn überleben, 40 Jahre, in denen kein Tag vergeht,

an dem sie nicht schwarz trägt und trauert um ihren Prinzen. Alberts Sterbezimmer in Windsor wird unverändert bleiben, Bettwäsche und Handtücher müssen morgendlich gewechselt, jeden Abend warmes Wasser in seinem Schlafzimmer bereitgestellt werden.

Anwärterin auf den Thron

Als die Brüder Albert und Ernst von Sachsen-Coburg und Gotha 1836 zum ersten Mal ihre 17-jährige Kusine Victoria in London besuchen, schwärmt Victoria zwar nachher von Alberts schönem Haar, seinen blauen Augen, seiner schönen Nase und dem feinen Mund mit schönen Zähnen und vergießt beim Abschied bittere Tränen. Doch ähnlich hat sie sich zuvor auch schon nach Besuchen anderer Vetter geäußert – was nicht verwundert, wenn man sich die Umstände vergegenwärtigt, in denen Victoria aufgewachsen ist ...

Geboren wird Her Royal Highness Princess Alexandrina Victoria of Kent am 24. Mai 1819 im Kensington Palace als Tochter von Viktoria von Sachsen-Coburg-Saalfeld, der verwitweten Fürstin von Leiningen, und Edward Augustus, Herzog von Kent. Zum Zeitpunkt ihrer Geburt steht Victoria an fünfter Stelle der britischen Thronfolge, doch nachdem ihre drei Onkel keinen für die Dynastie legitimen Nachwuchs gezeugt haben und ihr Vater acht Monate nach ihrer Geburt gestorben ist, ist Victoria ab 1830 erste Anwärterin auf den Thron. Ihre Mutter, die Herzogin von Kent, steht mittlerweile unter dem Einfluss John Conroys, des Nachlassverwalters ihres Mannes. Der hofft auf die Sanierung seiner eigenen maroden Finanzlage, sobald die Herzogin die Regentschaft für ihre noch minderjährige Tochter übernehmen wird. Um seinen Einfluss auch unmittelbar auf Victoria geltend zu machen, schirmt er sie so weit wie möglich von der Außenwelt ab. Ihr Bett habe im Schlafzimmer der Mutter zu stehen, bestimmt er, keine Treppe darf sie ohne Begleitung hinuntergehen und Spielgefährten hat sie nicht einen. Nur ihrer deutschen Erzieherin Baronin Louise Lehzen, die Victorias positive Charakterzüge zu fördern vermag, schenkt sie ihr Vertrauen. Der 15-jährigen Victoria bescheinigt ihre Mutter eine »gute Urteilsgabe, die sie befähigt, sich mit Leichtigkeit zu unterrichten und bei jeder Frage, über die sie ihre Meinung äußern soll, schnell zu einer treffenden und zuträglichen

Entscheidung zu kommen. Ihre Wahrheitsliebe ist so ausgeprägt, dass ich unbesorgt bin, dieses Bollwerk könnte durch irgendwelche Umstände gebrochen werden.« Das beweist Victoria schließlich auch gegenüber Conroy. Als immer unwahrscheinlicher wird, dass König William vor Victorias Volljährigkeit sterben und es zu keiner Regentschaft ihrer Mutter kommen wird, will Conroy der künftigen Königin seine Ernennung zum Privatsekretär abringen. Obwohl er und ihre Mutter erheblichen Druck ausüben, bleibt Victoria hart und lehnt ab.

König William IV. stirbt am 20. Juni 1837. Knapp einen Monat nach ihrem 18. Geburtstag also wird Victoria britische Königin. Noch am selben Tag lässt sie ihr Bett aus dem Zimmer ihrer Mutter entfernen und verfügt den Umzug ihres Hofes vom Kensington- in den Buckingham-Palast.

Die junge Königin

Ihre ersten Regierungsjahre empfindet Victoria als eine Befreiung. Nach ihrem isolierten Dasein genießt sie das Leben am Hof, die Geselligkeit, die Festmahle, den Tanz, das Reiten, die Musik, das Theater. Sie lacht viel und scheint immer vergnügt. Und sie hat Freude an der Wahrnehmung ihrer offiziellen Pflichten, wobei sie ganz auf Premierminister Lord Melbourne bauen kann. Sie bewundert den 56-jährigen liberalen Politiker und vertraut ihm. Melbourne übernimmt für sie die Aufgaben eines Privatsekretärs, unterrichtet sie in der Geschichte Englands, klärt sie über politische Fragen auf, berät sie in Fragen der Etikette und Kleidung. Victorias Interesse an den politischen Vorgängen in ihrem Land verhilft dem Hof im ganzen Land zu einem Ansehen, das ihm durch den Sittenfall vorheriger Herrscher verloren gegangen war.

Heiraten möchte Victoria vorerst nicht; am 28. Juni 1838 ist sie in der Westminster Abbey gekrönt worden, das Leben gefällt ihr so, wie es ist. Die Umgebung allerdings drängt zu einer standesgemäßen Ehe, vor allem der Lieblingsonkel Leopold. Leopold, Prinz von Sachsen-Coburg, hat bis zu seiner Ernennung zum König der Belgier im Jahr 1830 am englischen Hof gelebt und ist seither ein enger, verehrter Freund Victorias mit großem Einfluss. Leopold I. betreibt aktiv die Heiratspolitik des Hauses Coburg – von Bismarck ironisch als »Gestüt Europas« betitelt. Die Verbindung seines am 26. August 1819 auf Schloss Rosenau gebo-

renen Lieblingsneffen Albert von Sachsen-Coburg mit seiner gleichaltrigen Lieblingsnichte Victoria ist für Leopold gewissermaßen ein
Lieblingsprojekt. Im Oktober 1839 stimmt Victoria eher ihrem Onkel
zuliebe einem erneuten Besuch ihrer beiden Cousins Albert und Ernst
zu. Dann aber geht alles sehr schnell. Am 10. Oktober treffen die Brüder
ein, und am nächsten Tag notiert Victoria über Albert abermals schwär-
merisch in ihr Tagebuch: »... eine schöne Gestalt, breit in den Schultern
& mit schmaler Taille ... Ich muss mein Herz festhalten.« Am 15. Oktober macht Victoria Albert einen Heiratsantrag – als Königin steht sie
über ihm, deshalb muss laut Protokoll die Initiative von ihr ausgehen.
Victoria ist bis über beide Ohren verliebt, ihm als Frau ganz ergeben –
nicht aber als Königin. Auch nach der Hochzeit am 10. Februar 1840 hält
sie ihn von allen Aufgaben fern. Sie geht auf in der Rolle als Königin
und es gefällt ihr, dass Albert – von keinerlei politischem Engagement
abgelenkt – ganz und gar für sie da ist. Ihre wichtigsten Berater bleiben
in politischen Fragen weiterhin Lord Melbourne und im Privaten die
Baronin Lehzen. Das hatte Albert sich anders vorgestellt, und Missstimmungen lassen nicht lange auf sich warten. Nicht wenige Kämpfe zwischen dem jungen Paar müssen ausgefochten werden, bis aus ihnen
das harmonische Paar wird, das später in ganz Europa als Musterbei-
spiel einer glücklichen Ehe gilt.

Prinzgemahl Albert, Gemälde von Franz Xaver Winterhalter, 1842
Queen Victoria, Krönungsszene, 1837

»Ich kann nicht glauben oder zugeben, dass irgendein anderer Mensch vom Schicksal so gesegnet worden ist wie ich, mit einem solchen Mann, einem solch vollkommenen Mann.«

Brief der Königin Victoria an ihre Tochter, 1858

Victoria und Albert

Albert, solchermaßen freigestellt, setzt seine juristischen, ökonomischen und naturwissenschaftlichen Studien fort, arbeitet sich in die englische Politik und Geschichte ein und erobert sich nach und nach seine Aufgabenbereiche: Er wird Mitglied der Royal Society, engagiert sich in der Gesellschaft zur Abschaffung der Sklaverei, organisiert den Haushalt im königlichen Palast neu, lässt den Garten von Schloss Windsor umgestalten und beginnt mit dem Aufbau eines landwirtschaftlichen Mustergutes sowie eines Reitstalls.

Zur Zeit der Geburt des ersten Kindes, Prinzessin Victoria, am 21. November 1840, und während weiteren von der Königin als qualvoll empfundenen Schwangerschaften ergreift Albert seine Chance und kann sich endlich politisch bewähren. Wenn seine Frau in ihrem aufbrausenden Wesen und ihrer Unerfahrenheit in Regierungsangelegen-

Königin Victoria mit Prinzgemahl Albert und ihren neun Kindern, um 1860

heiten über das Ziel hinausschießt, versteht er es, mit viel Einfühlungsvermögen und Zurückhaltung die Wogen zu glätten. Heftigen Angriffen der konservativen Tories wegen Victorias Sympathien für Melbournes Partei der Whigs kann er durch kluge Kompromisse den Wind aus den Segeln nehmen. Nicht nur Victoria schätzt das zunehmend, sondern auch die Briten, die dem deutschen Prinzen aus dem winzigen Herzogtum zu Anfang doch anhaltend herablassend gegenübergetreten waren.

Nach der Geburt des Thronfolgers Edward im November 1841 wird Albert zum wichtigsten Partner und Berater Victorias auf jedem Gebiet. Noch einmal kommt es wegen der von Albert geforderten Entlassung der Baronin zu einem erbitterten Streit. Er nimmt die alte Vertraute seiner Frau als überfordert bei der Versorgung der königlichen Nachkommen wahr. Nur dank der Vermittlung des Beraters Christian von Stockmar führt der Vorfall nicht zu einem Zerwürfnis. Ihm schreibt Victoria: »Wenn ich jähzornig bin, was, wie ich sicher hoffe, jetzt nicht mehr vorkommt, muss er [Albert] die dummen Sachen nicht glauben, die ich dann sage, zum Beispiel, dass es ein Jammer sei, je geheiratet zu haben & so weiter, was ich nur sage, wenn ich mich nicht wohl fühle.« In den folgenden sechs Jahren bringt die Königin fünf ihrer insgesamt neun Kinder auf die Welt, um deren Erziehung sich ebenfalls vorrangig Albert kümmert.

Leben in Harmonie

Mehr und mehr findet Victoria ihr Glück im Zusammenleben mit Albert, fühlt sich inzwischen wie er wesentlich wohler jenseits des gesellschaftlichen Lebens in London. Häufig ziehen sich Victoria und Albert auf das Schloss Windsor zurück, führen dort ein fast bescheidenes Leben, wenn auch weiterhin Wert gelegt wird auf Etikette und - very british - die Berücksichtigung der Hierarchien. Die aristokratische Gesellschaft indes vermisst den früheren Pomp des königlichen Hofes und findet das Dasein des Paares öde, ernst und glanzlos. Doch die beiden lassen sich dadurch nicht beirren - nichts fehlt ihnen bei dieser Lebensweise. Sie sind sich einig darin, dass die königliche Familie der Sittenlosigkeit vergangener Herrscher ein Vorbild an Einfachheit, Rechtschaffenheit und Tugend entgegensetzen müsse.

Die Sehnsucht nach gemeinschaftlicher Ruhe findet ihren Ausdruck in weiteren Rückzugsorten, der Sommerresidenz Osborne House auf der Isle of Wight sowie noch weiter entfernt dem Schloss Balmoral im schottischen Hochland. Albert selbst erstellt die architektonischen Entwürfe. Nach seinem Tod weilt Victoria am liebsten in einem dieser beiden Schlösser.

Abgeschiedenheit bedeutet jedoch nicht Untätigkeit. Albert bringt etliche Reformvorhaben in Gang, so die Neuordnung der Universität Cambridge nach dem Humboldt'schen Bildungsideal, widmet sich sozialen Projekten wie dem Wohnungsbau und organisiert 1851 die erste legendäre Weltausstellung in dem modernen Londoner Kristallpalast.

Albert ist inzwischen, wie er es selbst formuliert, »Gatte der Königin, Hauslehrer der königlichen Kinder, Privatsekretär des Souveräns und ihr permanenter Minister«. Das Parlament allerdings verweigert ihm die Anerkennung seiner vielfältigen Talente und seines Engagements, indem es die Verleihung des Titels »Prinzgemahl« 1850 ablehnt. Zum Ärger einer Victoria, die inzwischen die Meinung vertritt, dass Frauen nicht fürs Regieren geschaffen seien, dass gute Frauen diese männlichen Beschäftigungen nicht lieben könnten. Als ob es die Begeisterung der ersten Jahre für ihr Amt nie gegeben hätte. Mit Sicherheit haben sowohl die unbedingte Liebe zu Albert als auch die Entlastung, die sie durch seine politisch-gesellschaftliche Allgegenwärtigkeit und seine Initiativen erfahren hat, zu diesem Gesinnungswandel beigetragen. Nicht ihre Regentschaft empfindet sie nunmehr als Glück, sondern ihre Ehe. Zum Prinzgemahl ernennt die Königin Albert 1857 ohne die Zustimmung des Parlaments. Offizielle Anerkennung wird Albert in Großbritannien erst nach seinem frühen Tod im Dezember 1861 in den Worten des Premierministers Benjamin Disraeli zuteil: »Dieser deutsche Prinz hat England 21 Jahre lang mit Weisheit und Energie regiert, wie sie keiner unserer Könige jemals gezeigt hat.« In den folgenden zehn Jahren lebt Victoria abgeschieden von allen gesellschaftlichen Veranstaltungen in Osborne House oder auf Schloss Balmoral, um sich erst dann wieder den wichtigsten offiziellen und familiären Verpflichtungen zu widmen. Überwunden hat sie den Tod ihres geliebten Albert nie.

König Edward VIII.
Wallis Simpson

1894–1972 & 1896–1986

*Edward VIII. von Großbritannien und Irland, Sohn Georgs V.
sowie dessen Gemahlin Queen Mary, und die Amerikanerin
Wallis Simpson lösen mit ihrer Liebe eine Verfassungskrise aus.
Die beabsichtigte Heirat des Königs mit einer zweimal geschiedenen,
bürgerlichen Ausländerin wird nicht akzeptiert, und so
verzichtet König Edward VIII. auf den Thron und heiratet am
3. Juni 1937, nunmehr als Herzog von Windsor,
seine große Liebe.*

Die skandalträchtigste Liebe der englischen Geschichte oder das romantischste Liebespaar des Jahrhunderts – Edward VIII. und Wallis Simpson spalten bis heute die Gemüter, und bis dato unentdeckte Geheimdokumente, zum Beispiel über die Beziehungen des Paares zu Hitlers Botschafter in London und späteren Außenminister von Ribbentrop, oder aber Briefe und Fotos aus Wallis' Nachlass

finden auch im 21. Jahrhundert noch ihren Weg in die Regenbogen-
presse ... Gern werden die beiden auch immer wieder für Vergleiche
herangezogen zu den turbulenten Heirats- und Scheidungsgeschichten
am englischen Königshaus unter Elizabeth II., wo es inzwischen deutlich liberaler zugeht.

Gekettet an Konventionen

Edward VIII. aber hatte nicht nur seine Mutter Queen Mary den Segen
für eine Heirat mit seiner geliebten Wallis Simpson verweigert, sondern
auch die anglikanische Kirche und die britische Regierung lehnten eine
offizielle Verbindung ab. Als Edward nach dem Tod seines Vaters Georg
V. im Januar 1936 König des United Kingdom und Kaiser von Indien
wird, verwehrt ihm Premierminister Stanley Baldwin die Zustimmung
zur Ehe mit der nicht adligen und darüber hinaus zweimal geschiedenen Amerikanerin. Baldwin stellt ihn vor die Wahl: entweder Heirat
oder Abdankung. Auch der Vorschlag einer morganatischen Ehe – eine
beim europäischen Adel verbreitete Form der »Ehe zur linken Hand«
mit Partnern vom niederen Stand; die Kinder dieser Ehe sind nicht erb-
berechtigt – wird abgelehnt. Doppelmoral und Heuchelei des Viktori-
anischen Zeitalters wirken offenbar noch immer fort, denn an Wallis

Das Paar bei seiner Hochzeit
am 3. Juni 1937

Simpson als Mätresse des Königs hätte sich wohl niemand in der englischen Society gestoßen. Doch Wallis ist Edwards große Liebe, und er möchte sie offiziell an seiner Seite wissen. Am 10. Dezember 1936 bezeugen Edwards drei jüngere Brüder seine schriftliche Abdankungserklärung und die Nachfolge durch Prinz Albert, der als Georg VI. den englischen Thron besteigt. Der neue König macht seinen älteren Bruder tags darauf zum Herzog von Windsor mit der Anrede »Königliche Hoheit« – die allerdings seiner Frau zeit ihres Lebens verwehrt bleibt.

Leben vor der Liebe

Wallis Warfield ist noch ein Kind, als ihr Vater stirbt und die Mutter mit ihr von Pennsylvania nach Baltimore zu Verwandten zieht, die sie finanziell unterstützen. 1914 beendet Wallis die High School als Klassenbeste, zwei Jahre später heiratet sie den Fliegerleutnant Winfield Spencer. Es ist eine unstete Ehe, während derer Wallis viel reist, zu Freunden, die sie in Paris, Italien und China besucht. 1927 wird Wallis geschieden und heiratet ein Jahr darauf in London den Geschäftsmann Ernest Simpson. Verbunden mit einem luxuriösen Lebensstil, findet das Paar bald Eingang in die englische Upperclass und lernt den britischen Thronfolger kennen. Der Prinz von Wales, weltweit der berühmteste Junggeselle, blond, gut aussehend und immer gut gekleidet, ist sofort angetan von der wortgewandten, extravaganten Amerikanerin.

Prinz Edward, der überwiegend im Fort Belvedere lebt – wenn er sich gerade nicht auf Reisen durch den Commonwealth befindet oder auf Großwildsafari in Afrika –, ist wie seine Geschwister als Kind hauptsächlich vom Dienstpersonal erzogen worden. Sein Vater führt aus königlicher Distanz ein strenges Regiment und zeigt sich, als der Kronprinz erwachsen ist, besorgt über dessen Lebenswandel, seine häufig wechselnden Liebesbeziehungen – zumeist mit verheirateten Frauen – und den kostspieligen Lebensstil. Er fürchtet, dass Edward der künftigen Aufgabe an der Spitze der Monarchie nicht gewachsen sein würde. Die konservative Regierung unter Baldwin wiederum beobachtet beunruhigt des Kronprinzen moderne Ansichten, sein Interesse an sozialen Fragen und zudem seine mangelnde politische Neutralität.

»Sosehr ich mir auch den Kopf zerbrach,
ich konnte keinen plausiblen Grund finden, warum dieser
bezauberndste aller Männer sich ernsthaft
zu mir hingezogen fühlte.«

Wallis Simpson in »Mein Herz hatte recht.
Memoiren der Herzogin von Windsor«

Untrennbar verbunden

In Wallis Simpson ist es vielleicht gerade das in ihrem Wesen sich widerspiegelnde moderne Amerika, das Prinz Edward in seinen Bann zieht, als er sie im Sommer 1931 das erste Mal trifft. Ihm imponieren ihr zur Schau getragenes Selbstbewusstsein und ihre Selbstverständlichkeit im Umgang mit ihm als Mitglied der Königsfamilie. Der Kronprinz trifft sich nun häufiger mit dem Ehepaar Simpson und führt es anlässlich der Hochzeit seines jüngeren Bruder sogar am Hofe ein. Nach drei Jahren Bekanntschaft beginnen Wallis Simpson und Prinz Edward eine Affäre – geduldet von Ernest Simpson, der von dieser Liaison offenbar geschäftlich profitiert. Sowohl Wallis als auch ihr Ehemann gehen zu diesem Zeitpunkt noch davon aus, dass Wallis' Rolle als Mätresse von begrenzter Dauer sein würde. Im November 1934 schreibt Wallis Simpson ihrer Tante: »Hören Sie nicht auf den lächerlichen Klatsch. Ernest und ich sind meilenweit davon entfernt, uns scheiden zu lassen, und wir haben eine lange Aussprache über meine Beziehungen zum Prinzen von Wales gehabt. Wir haben auch mit ihm darüber gesprochen, und alles wird so weitergehen wie bisher, d. h., wir werden alle drei die besten Freunde der Welt bleiben. ... Ich werde versuchen, so geschickt zu sein, beide zu behalten.« Womit wohl alle drei nicht gerechnet haben: Aus der Liebschaft entwickelt sich Liebe. Bis heute wird viel darüber spekuliert: Man vermutet sexuelle Hörigkeit des Prinzen aufgrund raffinierter sexueller Praktiken, die Wallis einst in China gelernt habe. Andere meinen zu wissen, dass Edward sich hier seine Sehnsucht nach nie gekannter, mütterlicher Geborgenheit erfülle. Wie dem auch sei, Wallis und Edward beschließen nach vielen Turbulenzen, viel Verwirrung

und Dramen, beisammenzubleiben. Und das, obwohl Wallis mehrmals versucht, den König von seinem Rücktritt abzuhalten, die Trennung vorschlägt, Goodbye sagt. Doch Edward reagiert darauf stets panisch, droht gar an, sich die Kehle aufzuschlitzen, falls sie ihn verlasse. Nach seiner Abdankung erklärt Prinz Edward seinem Volk über den Rundfunk, dass er die schwere Bürde als König ohne die Hilfe und Unterstützung der Frau, die er liebe, nicht tragen könne.

Um die Scheidung von Ernest Simpson nicht zu gefährden, darf Wallis in den folgenden Monaten Edward nicht sehen – eine schwere Zeit für das Paar. Wallis ist zudem der Häme einer missgünstigen Öffentlichkeit ausgesetzt. Aus Cannes schreibt sie im Dezember 1936 an Edward: »Liebling, ... Ich hätte nicht geglaubt, dass die Welt zwei Menschen, deren einzige Sünde es ist zu lieben, noch mehr antun könnte. Ich sehe aus wie hundert und wiege nicht einmal 50 Kilo – Du wirst mich nicht mehr lieben, wenn Du das Wrack siehst, das England aus mir gemacht hat.« Aus Österreich schreibt Edward an Wallis: »Hallo,

Der Herzog von Windsor und Gemahlin Wallis
Warfield-Simpson mit den Möpsen »Davy Crocket« und »Golden Gleam Trooper«
auf einer internationalen Hundeschau im Salle Wagram in Paris, 1956

mein Herz! Ich habe nichts Neues zu berichten, außer, was Du schon weißt: dass ich Dich liebe, Dich liebe, mehr und mehr. Ich habe so schreckliche Angst wegen dieser ekelhaften Briefe, die Du bekommst, aber wir dürfen nicht die Nerven verlieren. ... Ich rufe Dich um sieben vom Bristol aus an. Gott segne WE [Kombination ihrer Initialen, für beide das Symbol ihrer Liebe], Wallis, und möge ER uns beide behüten, jetzt und für alle Zeit. Aber bitte, bitte, sei vorsichtig, denn ich liebe Dich so sehr. Dein David [David war ursprünglich Edwards Rufname].« Am 3. Mai 1937 tritt die Scheidung in Kraft, und am 3. Juni 1937 werden der Herzog von Windsor und Wallis, nunmehr Herzogin von Windsor, auf Schloss Condé in Frankreich getraut. Von der königlichen Familie nimmt niemand an der Feier teil.

Das Ehepaar lebt von nun an im freiwilligen Exil, zunächst in Österreich, später überwiegend in Frankreich. In England hadert das Königshaus weiterhin mit dem Paar, nunmehr auch aus politischen Gründen, denn der Herzog und seine Frau sympathisieren mit den Faschisten in Italien und Deutschland. Edward deutet an, dass er als König ein gemeinsames Vorgehen von England und Hitlerdeutschland gegen die kommunistische Sowjetunion befürwortet hätte; Hitler empfängt das Paar auf dem Obersalzberg. Churchill schickt den Herzog daher nach Kriegsbeginn als Gouverneur weit weg auf die Bahamas.

1945 kehrt das Paar nach Frankreich zurück. Sie genießen ihr Zusammensein und einen luxuriösen Lebensstil als weltweit gern abgelichtetes Jetset-Paar. Klatsch um Wallis gibt es weiterhin, so wird ihr eine jahrelange Affäre mit dem Enkel des Woolworth-Gründers Frank W. Woolworth nachgesagt. Doch der Liebe der beiden kann das nichts anhaben. Über 36 Jahre bleibt das Paar zusammen, ohne ihre Entscheidung füreinander jemals zu bereuen. 1956 veröffentlicht Wallis ihre Autobiografie unter dem Titel »Mein Herz hatte recht«.

Zu einer Versöhnung mit der englischen Königsfamilie kommt es unter Elizabeth II. Nach dem Tod von Edward am 28. Mai 1972 nimmt die gesamte Königsfamilie gemeinsam mit der Herzogin von Windsor an der Trauerfeier in der St.-Georgs-Kapelle auf Schloss Windsor teil. Eineinhalb Jahrzehnte später findet auch Wallis an der Seite ihres Mannes in Windsor ihre letzte Ruhestätte.

Queen Elizabeth II.
Prinz Philip

*1926 & *1921

*»Er war in all diesen Jahren ganz einfach meine
Stütze und mein Anker, und ich selbst, und seine ganze
Familie, und dieses (Land) wie viele andere
Länder, verdanken ihm viel mehr, als er je fordern würde
oder wir je wissen werden.«*

Queen Elizabeth II. über Prinz Philip
anlässlich ihrer Goldenen Hochzeit 1997

*»Ich glaube, die wichtigste Lektion, die wir gelernt haben,
ist die, dass Toleranz die entscheidende Zutat für jede
glückliche Ehe ist … Und Sie können es ja an mir sehen, wie
sehr die Queen diese Eigenschaft der Toleranz im
Überfluss hat.«*

Prinz Philip über seine Frau, Queen Elizabeth II.,
anlässlich ihrer Goldenen Hochzeit 1997

2

An der Seite der Macht

Winston & Clementine Churchill

Michail & Raissa Gorbatschow

Brigitte & Emmanuel Macron

Helmut & Loki Schmidt

Clementine und Winston Churchill

Winston und Clementine Churchill

1874–1965 & 1885–1975

Als Winston Churchill und Clementine Hozier, beide Sprösslinge der englischen Upperclass, am 2. September 1908 in London heiraten, sind sie glücklich verliebt. In den folgenden 57 Jahren ihrer Ehe wird Clementine ihrem Mann, dem wohl populärsten Politiker Großbritanniens und Ikone des Widerstands gegen Hitler, während der vielen Hochs und Tiefs seiner Karriere die wichtigste Stütze sein. Sie haben fünf Kinder. Die Jüngste, Mary, widmet sich in mehreren Büchern der Liebe und dem Leben ihrer Eltern.

K reischen, spitze Schreie – dann stöhnte die Menge am Bahnhof von Bristol entsetzt auf. Eine aufgebrachte Frauenrechtlerin war auf Winston Churchill losgegangen, hatte mit der Hundepeitsche auf den 35-jährigen Politiker eingedroschen und ihn gegen einen anfahrenden Zug gestoßen. Doch während seine Begleiter reflexartig zurückwichen, um nicht mit ihm unter den Waggon gerissen zu werden, stürzte eine junge Frau nach vorn, schnappte ihn gerade noch am Mantel und riss ihn auf die Füße zurück. Clementine, seit Kurzem verheiratete Churchill, hatte ihrem Mann sehr wahrscheinlich gerade das Leben gerettet. Und damit hat sie wohl auch unser aller Schicksal herumgerissen. Denn ohne ihn, da sind sich nicht nur Historiker einig, wäre die Geschichte des 20. Jahrhunderts, die Geschichte von Tyrannei und Widerstand, von Krieg und Frieden entschieden anders verlaufen. Niemanden würde die Welt 30 Jahre später nötiger haben als Winston Churchill, den Mann, der Adolf Hitler und den Faschisten die Stirn bot.

Es blieben der 24-jährigen Clementine, eben erst Mutter einer kleinen Tochter geworden, nur wenige Millisekunden, um zwischen ihrer eigenen Sicherheit und dem Einsatz für ihren Ehemann zu entscheiden. Wenige Millisekunden, die symbolhaft für den gemeinsamen Weg des später weltberühmten Paares stehen. Denn so, wie sie an diesem kalten Wintertag beherzt handelte, so entschlossen sollte sie bis zum Ende hinter ihm stehen, nicht als sein Schatten, vielmehr als sein ständiger Schutz und seine Stütze.

Es brauchte zwei Anläufe, bis Miss Clementine Hozier und der junge aufstrebende Politiker Winston Churchill Gefühle füreinander entwickelten. Beide entstammten dem englischen Adel, verkehrten in ähnlichen Kreisen, und so war es unausweichlich, dass sie sich eines Tages über den Weg liefen. 1904 auf einem Ball im feinen Londoner Stadtteil Mayfair war es dann so weit. Doch Winston, kleiner als die schlanke, hochgewachsene Clementine, blass und rundgesichtig, obendrein in der feinen Gesellschaft nach seinem Wechsel zur Labour-Partei als Verräter verschrien, machte keinen allzu großen Eindruck auf die junge Schönheit. Sie winkte einen Freund herbei und entschwand in den Tanzsaal. Vier Jahre später dann die zweite Begegnung. Bei einem Abendessen wurden die beiden zufällig nebeneinander platziert. Und diesmal hatte es Folgen.

Nicht leicht, mit ihm verheiratet zu sein ...

Clementine, knapp 23 Jahre alt, war erwachsen geworden. Sie interessierte sich für Politik, hatte ihre eigenen, liberalen Ansichten, die sie zu verteidigen wusste. Man plauderte und entdeckte rasch ein gemeinsames Interesse: die Liebe zu Frankreich. Was Winston besonders faszinierte: Seine Tischdame trug mit Französischstunden zum Lebensunterhalt ihrer Familie bei, ungewöhnlich für eine junge Frau ihrer Herkunft. Wie es aussieht, verliebte er sich noch am selben Abend in die fröhliche, elegante, selbstbewusste Miss Hozier. Und verlor keine Zeit. Wenn er seine Angebetete nicht besuchen konnte, schrieb er werbende Briefchen. Schon bald machte er ihr im Rosengarten von Blenheim Palace seinen Antrag – sie nahm sofort an. Die Hochzeit, das gesellschaftliche Highlight der Saison, wurde gleich für den nächsten Monat festgesetzt. Für Clementine waren die nächsten Wochen ein Strudel aus Vorbereitungen und Gefühlen. »Seit neun Tagen bin ich nun verlobt. Ich liebte ihn sehr, als er mich bat, ihn zu heiraten, aber jeder Tag seither war himmlischer als der vorhergehende«, schrieb sie ihrer Tante. Doch bei aller Schwärmerei war sie nicht blauäugig, was ihre Verbindung mit dem als genial, aber auch als eigensinnig und arrogant geltenden Bräutigam anging. Immerhin konstatierte sie hellsichtig: »Sicher ist es nicht leicht, mit ihm verheiratet zu sein, aber ich glaube, es wird unglaublich aufregend sein.« Und das wurde es.

Beide in die englische Upperclass geboren und politisch interessiert, gab es wohl ein weiteres Band, das Clementine und Winston von Beginn an zusammenhielt: Sie hatten, jeder auf seine Weise, eine problematische Kindheit hinter sich. Doch – und auch da waren sie sich ähnlich: Beide hatten früh den festen Willen entwickelt, nach vorne und in eine Zukunft zu blicken, die Sicherheit, Halt und Glück bringen sollte. Auch wenn sie ihre Dämonen nie ganz zähmen konnten.

Schon die Herkunft von Clementine Hozier umwehte zeitlebens ein Geheimnis. Ihre Mutter, Lady Blanche, galt als erotischen Abenteuern zugetan und exzentrisch. Ein Ruf, dem sie noch in späten Jahren alle Ehre machte, wenn sie barfuß, nur mit einem Cape über dem Nachthemd durchs Dorf marschierte, um Besorgungen zu erledigen. Ihr deutlich älterer Mann, Sir Henry Hozier, entstammte einer Brauersfamilie, deren wirtschaftlicher Erfolg auch ihren sozialen Aufstieg möglich gemacht hatte. Ob er wirklich der Erzeuger der vier Kinder dieser Ehe war, daran hatte die Londoner Gesellschaft Zweifel. Leiblicher Vater sei entweder Captain Middleton, für seine Kühnheit bei der Fuchsjagd weithin bekannt. Oder Lady Blanches Schwager Bertie Mitford, 1. Lord Redesdale, später Großvater der berühmten Mitford-Schwestern. Die Lady selbst gab vieldeutige Signale. Zur Hochzeit ihrer Tochter erschien sie mit Bertie, was viele als Hinweis zumindest auf diese Vaterschaft werteten. Da war die Hozier-Ehe schon seit Langem geschieden. Die Trennung war hässlich verlaufen, die Mutter entzog ihrem Mann die Kinder, der versuchte, diese zu entführen und drehte obendrein den Geldhahn zu. Lady Blanche und ihre vierköpfige Schar zogen von einem Haus ins andere, von London an die See und zurück, für ein paar Jahre auch ins nordfranzösische Dieppe, wo Clementine ihr Französisch lernte. Für die Erziehung waren meist Gouvernanten zuständig, die Clementine und ihre Geschwister gelegentlich auch prügelten. Zu essen gab es nicht immer und Schulbildung, zumindest für die Mädchen, war eher lückenhaft. Doch wenn Clementine die Chance zum Lernen bekam, dann tat sie es gerne und gründlich. Die Angst vor der Armut aber verlor sie ihr ganzes Leben nicht mehr.

Winston Churchills alles andere als erstklassige Kindheit in einer der ersten Familien Englands war geprägt von wechselnden Kindermädchen, Schlägen und der Abwesenheit seines Vaters. Lord Randolph Churchill, Sohn des Herzogs von Marlborough, hatte Winstons Mutter, die 19-jährige Amerikanerin Jennie Jerome, Enkelin einer Indianerin und Erbin eines New Yorker Millionärs, zufällig in Paris kennengelernt. Drei Tage nach der ersten Begegnung machte er ihr einen Antrag, wenig später wurde geheiratet – gegen den Willen beider Familien. Sieben Monate danach, am 30. November 1874, kam der kleine Winston in der Damengarderobe von Schloss Blenheim, dem Stammsitz der Familie in Oxfordshire, zur Welt. Ähnlich lebenslustig wie Lady Blanche hatte es die Lady vom Ballsaal nicht mehr ins Schlafzimmer geschafft. Einen Monat später übergab sie das Baby einer Kinderfrau. Mrs. Everest, eine einfache, aber herzliche Frau, wurde der einzige Halt im Leben des kleinen Jungen. Obwohl er mit sieben schon ins Internat gekommen war, ließen beide den Kontakt nie abreißen, auch als Premierminister hatte Churchill noch das Bild von Mrs. Everest an der Wand.

Über seine Schulzeit sagte der spätere Staatsmann und Nobelpreisträger rückblickend: »Die Härte der Behandlung übertraf alles, was in staatlichen Besserungsanstalten geduldet worden wäre.« Es waren »Jahre der Unlust, des Zwanges, der Einförmigkeit, der Sinnlosigkeit«. Er verweigerte sich, wurde bestraft und schwer verprügelt, entwickelte einen Sprachfehler, der ihm stets zu schaffen machen würde, und schickte sehnsüchtige Briefe an die ferne Mutter. Sämtliche Bildung, die ihn später so sehr auszeichnete, holte er erst als über 20-Jähriger nach. Da besserte sich dann auch der Kontakt zu seiner Mutter, die er zeitlebens idealisierte. Eine echte Verbindung zu seinem Vater bekam er nie:»Es schien mir wirklich, dass mein Vater den Schlüssel zu allem oder doch fast allem besaß, was das Leben lebenswert macht. Sobald ich aber den leisesten Versuch wagte, mich ihm freundschaftlich zu nähern, zeigte er sich sofort verletzt.« Auch in der Militärakademie Sandhurst fiel Winston zweimal durch, und zur Enttäuschung des Vaters reichte es auch beim dritten Anlauf nur zur wenig angesehenen Kavallerie.

Doch dann die überraschende Wende. Der Churchill-Spross bewährte sich, machte als Soldat Karriere, war auf Feldzügen in Kuba, Indien, Südafrika. Er war nun, wie er schrieb, »Herr meiner Geschicke«. Zum ersten Mal im Leben angekommen, gab er alles – auch beim Polo, wo er selbst mit gebrochenem Arm antrat, um sein Team zu retten. Er entdeckte ein Talent fürs Schreiben, arbeitete in diversen Ländern als Kriegsberichterstatter, und wie den Vater, der es bis zum Schatzkanzler gebracht hatte, zog es ihn in die Politik. Die erwies sich als sein natürliches Terrain. Als er sich in Clementine verliebte, war er bereits Minister und schrieb, verliebt und ein wenig übermütig: »Zu dieser Zeit heiratete ich und lebte glücklich und zufrieden bis an mein Lebensende.« Was sein Eheleben betraf, behielt er absolut recht. Für den Rest lag er ziemlich daneben.

Politisch fühlte sich Churchill nur einem verpflichtet: dem eigenen Kopf. Keine Partei und schon gar keine Parteidoktrin konnte ihn zähmen – und so schaffte er es immer wieder, sich zwischen allen Stühlen zu platzieren. Die Konservativen hassten Churchill für seine Sozialpolitik, die Arbeiter für die Niederwerfung eines Bergarbeiteraufstands in Wales durch den Einsatz von Soldaten. Die Suffragetten verabscheuten ihn wegen seiner offenen Ablehnung des Frauenwahlrechts. Sämt-

liche Anfeindungen und Ächtungen bekam auch seine Frau zu spüren. Doch sie antwortete nur mit absoluter Loyalität, ja Sturheit, und fürchtete dabei auch den gesellschaftlichen Eklat nicht: Einmal hörte sie während einer Reise mit Freundinnen einen Politiker auf BBC wütend über ihren Mann schimpfen. Es reichte ein spöttisches »hört, hört« einer der Damen – und Clementine reiste empört ab.

>»Meine Frau und ich haben in den vergangenen Jahren zwei oder dreimal gemeinsam zu frühstücken versucht, wir mussten aber darauf verzichten, weil sonst unsere Ehe in Stücke gegangen wäre.«*

Winston Churchill

Wie »Mops« und »Kätzchen«

Zwar teilte Clementine Winstons Anschauungen durchaus nicht immer, und privat hielt sie mit ihrer Meinung keineswegs hinterm Berg. Oft versuchte sie, sein Temperament zu bremsen, seine teils reaktionären Ansichten zu revidieren, seine schneidenden Reden abzumildern – doch nach außen und im Ernstfall war sie auf seiner Seite. Er wiederum

Die Verlobung der beiden im Jahr 1908

vertraute ihr und oft auch ihrem Urteil, gab ihr seine Reden vorab zum Lesen. Über ihre Ansichten zu den Frauenrechten allerdings mokierte er sich, nannte sie eine »rote Schwester« in Anspielung auf ihr Herz für die Suffragetten. Als junge Frau hatte sie sich gerne wie diese gekleidet – dunkler Rock, weiße Bluse, schwarze Krawatte, ausladender Hut. Nach und nach lenkte sie auch ihn zumindest in Frauenfragen in eine zeitgemäßere Richtung. Vor Streit, so viel ist sicher, schreckten weder das »Kätzchen«, wie er seine »Clemmie« nannte, noch der »Mops«, wie sie ihn titulierte, zurück. Sie lernten, sich zu arrangieren, auch in Alltagsdingen. Irgendwann erwarb Clementine sich einen weiteren Spitznamen, dann sprach Churchill von seiner Frau als »Sie-deren-Kommandos-man-gehorchen-muss«. Immer noch von ihrer Angst vor Armut verfolgt, versuchte sie, ihm das Spielen abzugewöhnen. Er maulte zurück, so viel könne er mit Politik und Schreiben gar nicht verdienen, dass es für ihre Kleider reichen würde. Doch wann immer sie nicht zusammen sein konnten, schrieben sie sich Briefe und Kärtchen, turtelnd und säuselnd. Es waren mindestens 1700 Stück, mit Liebeserklärungen an ihn: »Ich fühle, dass für niemanden außer dir Platz in meinem Herzen ist, du füllst jede Ecke« oder Liebeserklärungen an sie: »Sweet cat – ich küsse dein Bild, wie es vor meinem inneren Auge aufsteigt. In Liebe, W.« Viele seiner Briefe sind mit kleinen Zeichnungen, etwa einem springenden Möpschen, geschmückt.

Wahrscheinlich waren es auch diese Liebe und diese bedingungslose Loyalität, die Churchill die Kraft und Energie gaben, alle Niederlagen und Nackenschläge wegzustecken. Immer wieder fiel er in den unterschiedlichsten Wahlkreisen für einen Sitz im Unterhaus durch, bis er es endlich geschafft hatte. In jedem einzelnen dieser Wahlkämpfe wurde er von seiner Frau nicht nur begleitet und unterstützt, sondern oft auch beschützt. Demonstranten gingen auf ihn los, versuchten, sein Auto umzukippen, was wohl geglückt wäre, wenn der Mob nicht wegen der Frau an seiner Seite gestoppt hätte. Sie sprang auf Wahlveranstaltungen für ihn ein, beaufsichtigte Wahlkampfbüros, übte mit ihm seine Reden und korrigierte seine nuschelnde Aussprache, die umso schlimmer wurde, wenn er sich aufregte. Es war, um mit heutigen Worten zu reden, eine Partnerschaft auf Augenhöhe. Oder, wie die Autorin Sonia

Purnell schrieb: »Die Frage ist nicht einfach, was hat sie für ihn getan, sondern auch, was hätte er ohne sie tun können?« Er, dessen Leben ein immerwährendes Drama, eine Abfolge von Sieg und Scheitern war, hatte diesen einen Menschen gefunden, der alles mittrug, ihn coachte, aufrichtete, tröstete. Was ihr nicht jedes Mal auf Anhieb gelang: Als er nach Kriegsende zu seinem Entsetzen als Regierungschef abgewählt wurde, versuchte sie es mit einem aufmunternden: »Vielleicht ist es ein verkappter Segen.« Worauf er zurückschnappte: »Ich muss schon sagen, sehr effektvoll verkappt.«

Ein Pool für Clementine

Es war ja nicht die erste Niederlage. Nachdem er im Ersten Weltkrieg schon 1915 als 1. Lord der Admiralität hatte zurücktreten und erst kurz vor Kriegsende als Munitionsminister wieder in die Regierung zurückgekehrt war, bekleidete er anschließend unterschiedlichste Ministerämter und wechselte nach einigem Hin und Her von den Liberalen erneut zur konservativen Partei, bevor er Anfang 1931 endgültig aus der Regierung ausschied. Mit seinen mehr als 50 Jahren und nunmehr Feinden in beiden politischen Lagern galt er als erledigt. Was folgte, waren fast zehn Jahre im Hintergrund, eine Dekade, die er später als seine »Wilderness Years« bezeichnete. Das Paar zog sich in sein Landhaus Chartwell zurück, er schrieb, malte, man verreiste. Und er werkelte an seinem Besitz. Bereits in den Zwanzigerjahren, als sie das Anwesen in Kent gekauft hatten, war er begeistert unter die Arbeiter gegangen und hatte das Maurerhandwerk gelernt. Er mauerte ein Schwimmbad für seine Frau, ein Cottage für Tochter Mary, pflanzte Bäume und kümmerte sich um den Garten, entdeckte die Fischzucht. »Ich habe herausgefunden, dass die Betrachtung der Fische eine der schönsten Erholungen ist, die ich kenne.« Und er verbrachte Zeit mit den inzwischen vier Kindern, wurde selbst wieder zum Kind. Als sie kleiner waren, hatte er gerne den Gorilla gegeben. Im Baum versteckt, wartete er, bis eins der Kinder auftauchte, um mit lautem Gebrüll vom Ast zu springen und es zu verfolgen. Nun, da sie fast schon erwachsen waren, empfing er sie – wie ein Freund von Tochter Sarah irritiert berichtete – mit lauten Wuhhuhuh-Rufen, dem Begrüßungssignal der Familie, das man sich von den schwarzen Schwänen auf den Teichen von Chartwell abgehört hatte.

Doch inmitten dieser Landidylle verfeinerte Churchill sein Gespür dafür, was kommen würde, richtete seine Antennen auf das, was im fernen Deutschland schon zu hören war. Und er behielt im Hintergrund die Fäden in der Hand, pflegte politische Freundschaften, empfing Journalisten aus aller Welt. Wieder war ihm Clementine die wesentliche Stütze: Sie lud all jene ein, die Unterhaltung und Unterrichtung versprachen, spann ein feines Netzwerk – und wurde dafür als warmherzige und brillante Gastgeberin gepriesen. Ob der ehemalige Reichskanzler Heinrich Brüning oder Hollywoodstar Charlie Chaplin, alle fanden sie den Weg in die südenglische Provinz. Während Winston schon mal dumpf brütend oder unwirsch seine Gäste zur Verzweiflung bringen konnte, war die Aufmerksamkeit der Mrs. Churchill legendär. »Spricht man mit ihr, so fühlt man, dass sie in diesen Momenten einzig und allein einem selbst ungeteilte Aufmerksamkeit entgegenbringt«, schwärmte Jack Fishman, Journalist und Autor an der Londoner Fleet Street. Perfekt, diszipliniert, fröhlich sorgte sie für beste Stimmung.

Doch die kippte bald ins Gegenteil. Denn Adolf Hitler und die Deutsche Wehrmacht machten sich auf, Europa zu überrollen. Winston Churchill, weitsichtiger als die meisten seiner Kollegen, was die Absichten der Nationalsozialisten betraf, wetterte gegen die Appeasement-Politik von Premier Chamberlain. Erst nach dem Einmarsch der Deutschen in Polen, Norwegen und Dänemark schwenkte die Mehrheit in England schließlich um. Man gab die Appeasement-Politik auf – und am 10. Mai 1940 wurde Churchill als Premierminister Chef einer Allparteienregierung sowie Verteidigungsminister. Zuvor hatte man ihn bereits als 1. Lord der Admiralität in alte Würden zurückgerufen. Worauf der Stab nur drei Worte an alle Kriegsschiffe schickte: »Winston ist zurück.«

Ikone des Widerstands

An diesem 10. Mai begann dann auch die Westoffensive der Deutschen. Drei Tage später rüttelte Churchill seine Landsleute mit seinem wohl berühmtesten Satz auf: Er habe nichts anzubieten als »Blut, Mühsal,

Tränen und Schweiß«. Anfang Juni kündigte er dann – »we shall never surrender« – den Widerstand gegen die Invasoren an: »Wir werden kämpfen bis zum Ende. Wir werden an den Stränden kämpfen, wir werden an den Landungsabschnitten kämpfen, wir werden auf den Feldern und auf den Straßen kämpfen, wir werden in den Hügeln kämpfen. Wir werden uns nie ergeben.« Er selbst werde sich mit dem Gewehr in der Hand bis zur letzten Patrone verteidigen. Mit seinen zum

Souveräner Auftritt der Churchills, 1923

Victory-Zeichen gespreizten Fingern wurde er zur Ikone der Briten, zur Ikone des Widerstands weltweit. Und als ab Mitte 1940 die Bomber ihre Angriffe auf London flogen, fuhr er gemeinsam mit Clementine zu denjenigen, die es am schlimmsten getroffen hatte. Manchmal war sie auch ohne sein Wissen unterwegs und gab den Menschen damit das Vertrauen, dass es vielleicht gar nicht so schlimm werden würde, wenn Churchill seine Frau allein vorbeischickte. Ihn selbst trieb es in Bombennächten gelegentlich in den nahen St. James's Park, wo er den glühenden Himmel beobachtete. Clementine ließ seine Schuhe verstecken, um ihn zurückzuhalten. Doch er tobte, er lasse nicht zu, dass Hitler ihn von einem Spaziergang abbringe.

Nur als der Sieg verkündet wurde, war sie nicht an seiner Seite. Seine Botschaft, dass der Krieg vorüber sei, hörte sie im Radio – im fernen Moskau. Dort wurde sie als Gast der Regierung dafür geehrt, dass sie einen speziellen Rotkreuz-Fonds für Russland gegründet und die Verbündeten im Osten mit acht Millionen Pfund unterstützt hatte.

Noch während der Siegerkonferenz von Potsdam verlor die Konservative Partei in England die Wahl – und Churchill seinen Posten als erster Mann im Staat. Er gab nicht auf. 1951, mit 77, kehrte er zurück und zog mit Clementine zum zweiten Mal in die berühmte Number 10, Downing Street. Zwei Jahre später erhielt er den Nobelpreis für Literatur, als einziger Staatsmann überhaupt. Der einstige Schulversager wurde für die Biografie über seinen Vorfahren Lord Marlborough, für seinen geschliffenen Stil, seine brillante Rhetorik geehrt. Clementine nahm den Preis entgegen, ihr Mann war dienstlich verhindert. Noch einmal, zwei Jahre später, tat sie ihm einen der letzten großen Liebesdienste: Sie überzeugte ihn vom Rücktritt. Da war er in seinem 81. Lebensjahr, er hörte schlecht, wurde langsamer, hinfällig und bereits als »Halbtags-Premier« geschmäht. Die beiden älteren Herrschaften gingen nach Chartwell und blickten auf ein Leben der Superlative zurück. Einer der größten Staatsmänner des 20. Jahrhunderts, das Gewissen einer ganzen Generation und für viele der bedeutendste Brite aller Zeiten – das ist der positive Teil der Bilanz. Auf der anderen Seite: Außer der letztgeborenen Mary war keines ihrer Kinder glücklich geworden: Die kleine Marigold war noch als Kind gestorben, Diana, geschieden

und unglücklich, würde sich noch zu Lebzeiten der Eltern mit einer
Überdosis Schlaftabletten töten, Sarah trank sich allmählich zu Tode.
Der einzige männliche Erbe, Randolph, hatte zwar ebenfalls Fuß in der
Politik gefasst. Doch auch er, ein Trinker und Frauenheld, sollte noch
vor der Mutter sterben. Neben körperlichen Einschränkungen wurden
beide, Clementine und Winston, wie immer wieder in den letzten Jahrzehnten, von Depressionen geplagt. »Der schwarze Hund ist wieder
da«, klagte Winston, wenn ihn die Schwermut überkam. Clementine
wurde mit Elektroschocks behandelt, doch der schwarze Hund ließ
sich nicht auf Dauer vertreiben. Kurz nach seinem 90. Geburtstag erlitt
Sir Winston einen Schlaganfall, er glitt ins Koma. Clementine wich bis
zu seinem Tod nicht von seiner Seite.

Ihre letzten 13 Jahre verbrachte sie so wie die 57 Jahre zuvor – sie
beschützte ihren Mann. Chartwell, das sie nie wieder betrat, schenkte
sie dem National Trust mit der Auflage, alles so herzustellen, wie es in
den Dreißigerjahren war. Jede Erinnerung an den schwach gewordenen, alten Mann wurde getilgt, überstrahlt von dem Bild eines tat-
kräftigen Familien- und Landesvaters. Des Staatsmannes, der dafür
bestimmt war, sein Land zu retten, den Engländern Mut zum Kampf
für eine freie Welt zu geben, und der doch nur sagte: »Ich habe ihnen
niemals Mut eingeflößt, ich war nur fähig, zu ermessen, wie groß ihr
eigener war.« Er selbst schöpfte seinen Mut wohl im Wesentlichen von
Clementine und ihrem unerschütterlichen Glauben an ihn. Ihre Tante
Mabell, während des Krieges zu Gast in Churchills Hauptquartier, soll
sie damals gefragt haben: »Bist du nicht stolz auf Winston, Clemmie?«
Die habe geantwortet: »Ja, das bin ich. Das war ich immer.«

Verliebte Blicke bis
ins hohe Alter

Michail und Raissa Gorbatschow

*1931 & 1932–1999

Michail S. Gorbatschow und Raissa Titarenko lernen sich an der Moskauer Universität kennen und schon bald – am 25. September 1953 – feiern sie bei Hering, Kartoffeln und Wodka Hochzeit. Michail macht Karriere bei der KPdSU, Raissa arbeitet als Dozentin. Nach glücklichen Jahren in der Provinz folgen schwere, aber für die Welt umso fruchtbarere in Moskau als Staatschef und »First Lady« ...

Mehr als zehn Jahre nach dem Tod seiner Frau Raissa wird Michail Gorbatschow in einer TV-Sendung gefragt: »Angenommen, es würde sich Ihnen auf einmal die Möglichkeit bieten, mit jemandem zu sprechen, der schon tot ist, mit wem würden Sie sprechen wollen?« Die Antwort kommt prompt: »Natürlich mit Raissa! Wir haben über vieles noch nicht gesprochen.« Gorbatschow erzählt davon in seiner 2013 erschienenen Biografie »Alles zu seiner Zeit«, ein Buch der Erinnerung, das er für seine 1999 verstorbene Frau geschrieben hat, denn, so bekundet er bei der Buchvorstellung, er denke jeden Tag an sie, und in seinen Erzählungen werde sie für ihn wieder lebendig.

Kennengelernt haben sich der 1931 geborene Jurastudent Michail Gorbatschow und die ein Jahr jüngere Philosophiestudentin Raissa Titarenko 1952 an der Lomonossow-Universität in Moskau. Beide wohnen im Studentenwohnheim, wo Michail die hübsche Raissa das erste Mal sieht und sich sogleich in sie verliebt. Er findet sie einfach wunderbar, schätzt ihre Klugheit, ihre Bildung und ist fasziniert von ihrer Präsenz, die sie von den anderen Mädchen unterscheidet. Ihr gefällt an dem gut aussehenden Jurastudenten, mit welcher Begeisterung er sich seinem Studium widmet, er bestrebt ist, den Dingen auf den Grund zu gehen – und bald schätzt sie seine Verlässlichkeit. Dem ersten Kuss gehen erst einmal etliche Monate gemeinsamer Spaziergänge voraus, aber im September des kommenden Jahres wird geheiratet. Michail muss das Wohnheimzimmer seiner Frau dennoch um 23 Uhr verlassen, Ehemann hin oder her. Anfang Oktober 1953 gelingt es Raissa dann endlich, den wie üblich von mehreren Studentinnen bewohnten Raum nur für sie beide zu reservieren. Am 7. November, dem Feiertag der Oktoberrevolution, laden Raissa und Michail ihre Freunde zur Hochzeitsfeier in die Mensa ein; es gibt Salat, Hering, Kartoffeln und den unvermeidlichen Wodka. Dass ihre Einkünfte kaum für das Alltägliche reichen, empfinden beide kaum als Mangel. Sie genießen ihr Zusammensein, und wenn etwas Geld übrig ist, gehen sie los und kaufen etwas Neues zum Anziehen für Raissa: Raissas Sinn für Schönheit gefällt auch Michail.

Nach dem Studium schickt die Partei – seit 1952 ist Michail Gorbatschow Mitglied der KPdSU (Kommunistische Partei der Sowjetunion) – Gorbatschow als ersten Sekretär der kommunistischen Jugendorganisation Komsomol nach Stawropol im Nordkaukasus. Der Bauernsohn Gorbatschow stammt aus dieser Gegend, aus dem Dorf Priwolnoje; Raissa ist in Rubzowsk, in der westsibirischen Region Altai als Tochter eines Eisenbahningenieurs groß geworden.

In der Provinz

Stawropol wird der Ort, an dem Raissa und Michail ihre glücklichsten Zeiten verleben – trotz des Verzichts auf eine wissenschaftliche Karriere in Moskau und aller innerparteilichen Schwierigkeiten, die Gorbatschow in seinen Funktionen überwinden muss. 1957 kommt ihre Tochter Irina zur Welt – heute ist sie Michail Gorbatschows engste Vertraute. Raissa arbeitet zunächst in der Bibliothek, erhält anschließend eine Dozentenstelle am Landwirtschaftlichen Institut und kann 1967 ihre Dissertation über die schwierigen Lebensbedingungen der Kolchosbauern auf der Grundlage ihrer soziologischen Forschung in der Region Stawropol abschließen. Im selben Jahr beendet Michail Gorbatschow ein Studium zum Agraringenieur. Das Leben in Stawropol ist zwar lange nicht so abwechslungsreich wie in der Hauptstadt, aber sie lieben einander und fühlen sich zu Hause. Gemeinsam bewältigen sie den Alltag, haben einen großen Freundeskreis, unternehmen lange Wanderungen im Gebirge und schätzen die Spaziergänge, auf denen sie intensive Gespräche führen. 1970 wird Gorbatschow erster Sekretär der KPdSU der Region Stawropol, und auch in dieser Machtposition bleibt Raissa seine wichtigste Gesprächspartnerin.

In der Zentrale der Macht

1978 erhält Gorbatschow den Ruf nach Moskau in das Zentralkomitee (ZK) und zwei Jahre darauf in das Politbüro der KPdSU. Damit gehört er zu den 14 mächtigsten Männern der Sowjetunion. Raissa und Michail freuen sich auf Moskau, wo ihre Liebe schließlich begonnen hat. Sie erschließen sich die Metropole ein zweites Mal, registrieren mal melancholisch, mal begeistert die Veränderungen, begeben sich auf die Spuren der Geschichte, besuchen Museen und vor allem die Theater – Raissa ist seit ihrer Jugend eine begeisterte Anhängerin der Schauspielkunst und kann Michail mit ihrer Vorliebe für das Theater anstecken. An die Vergangenheit in Stawropol und vor allem an ihre Freunde denken sie allerdings wehmütig zurück. Zwar kommen sie jetzt wie jedes Politbüro-Mitglied in den Genuss zahlreicher Annehmlichkeiten – sie erhalten eine große, komfortable Wohnung, eine Datscha, alle gewünschten Lebensmittel, eine exzellente medizinische Versorgung –,

private Freundschaften aber gestalteten sich schwierig. Unter den
Genossen ist allseits Misstrauen spürbar, und wenn sie über politisch
heikle Themen reden wollen, gehen sie nach draußen und machen ihre
langen Spaziergänge – man kann ja nie wissen ...

Raissa schätzt ihre statusbedingten Privilegien, verfolgt aber weiterhin den eigenen beruflichen Weg und unterrichtet bis 1985 an der
Lomonossow-Universität.

Am 11. März 1985 wird Michail Gorbatschow Generalsekretär der
KPdSU, mit 54 Jahren der bis dahin jüngste an der Spitze der Partei.
Nun der mächtigste Mann der Sowjetunion, wendet er sich gegen das
verkrustete, von Misstrauen getragene System des Parteiapparats. Mit
Glasnost versucht er die politische und kulturelle Öffnung der Gesellschaft durchzusetzen, mit Perestroika ein umfangreiches wirtschaft-
liches Reformprogramm auf den Weg zu bringen. Außenpolitisch verfolgt er das Ziel internationaler Entspannung. Er lässt die sowjetischen
Truppen aus Afghanistan abziehen, führt Gespräche mit dem politischen Gegner im Westen und wirbt für Abrüstung.

Michail Gorbatschow wird zum Symbol einer weltweiten Friedens-
politik, und nur selten zuvor sind einem Staatsmann weltweit so viele
Sympathien entgegengebracht worden wie ihm. Man kennt Gorbatschow und Gorbatschowa überall. Anders als unter den sowjetischen
Parteifunktionären üblich, die ihre Frauen auf die Hinterbänke ver-

links: Raissa und Michail Gorbatschow, Anfang 1950er Jahre
rechts: Der Generalsekretär der KPdSU Michail Gorbatschow und seine Frau Raissa
bei einem Besuch in Stawropol am 6. Oktober 1986

wiesen, nimmt Michail Raissa mit zu den offiziellen Veranstaltungen, wo sie in den vordersten Reihen seine Reden verfolgt.

Auch während seiner Auslandsreisen ist sie dabei. Im Westen ist »die First Lady« der Sowjetunion bald ebenso populär wie ihr Ehemann. Die Medien loben ihre Eleganz und zeigen sich erstaunt über ihr Wissen und das Interesse an den Kulturen der Gastländer. In der Sowjetunion jedoch stoßen ihre bemerkenswerten Auftritte in der fremden westlichen Glitzerwelt auf Kritik. Es passt so gar nicht zum gewohnten Verhalten einer sowjetischen Frau. Gegen die Frau des Generalsekretärs verbreitet sich eine von Empörung und Missgunst getragene Stimmung, die politische Gegner Gorbatschows für ihre Zwecke nutzen. Sie streuen Gerüchte, nennen zum Beispiel utopische Summen, die die Gorbatschowa angeblich für Kleider von internationalen Modedesignern ausgibt. Raissa »steckte mittendrin im glühenden Kessel der Perestroika. Sie musste Schreckliches aushalten«, so sagt es Gorbatschow später. Sie leidet unter der Ablehnung in ihrem eigenen Land, wird krank, versucht aber dennoch, ihrem Mann für sein großes politisches Ziel eine Stütze zu sein. Sie engagiert sich für wohltätige Zwecke, unter anderem für eine Verbesserung der Lebensbedingungen von Frauen.

1991 durchlebt das Paar den Putsch der alten Parteigarde, bei dem es zusammen festgesetzt wird, und 1996 Michails krachende Niederlage gegen Boris Jelzin bei der Präsidentenwahl. Raissa sieht eine solche Entwicklung viel klarer voraus als ihr Mann: »Michail Sergejewitsch, ich sage dir schon seit Langem, dass du deine Sache gemacht hast. Es ist Zeit für uns beide zu gehen und unsere Memoiren zu schreiben.« Doch Michail Sergejewitsch kann nicht loslassen.

Irgendwann ist Raissas Leukämie so weit fortgeschritten, dass auch internationale Spezialisten nicht mehr helfen können. Raissa Gorbatschowa stirbt am 20. September 1999 im Universitätsklinikum Münster. Auf ihrem Grab auf dem Friedhof des Moskauer Neujungfrauenklosters steht die Skulptur eines Blumenmädchens, immer geschmückt mit frischen Blüten. Noch 14 Jahre später sagt Michail bei einem Interview: »Jeden Tag denke ich daran, dass ich sie nicht retten konnte ... Sie war immer bei mir, hat immer zurückgesteckt. Für meinen Erfolg und meine Karriere hat sie alles gegeben. Ich hätte sie schützen müssen.«

Brigitte und Emmanuel Macron

*1953 & *1977

»Ich weiß, dass ich meinen Kindern wehgetan habe,
und das ist der größte Vorwurf, den ich mir mache. Aber ich konnte
nicht anders. Man kommt im Leben an Punkte, an denen
man kritische Entscheidungen treffen muss.
Und das war für mich so ein Punkt …

»Was auch immer manche über die 20 Jahre Altersunterschied
sagen mögen – die sind nur ein großes Nichts. Klar, wir sitzen
am Frühstückstisch, ich mit meinen Falten und er mit seinem frischen
Gesicht, aber so ist es eben. Wenn ich mich nicht dafür entschieden
hätte, hätte ich mein Leben verpasst. Ich war sehr glücklich
mit meinen Kindern, und gleichzeitig fühlte ich, dass ich ›diese Liebe‹,
wie Jacques Prévert es genannt hat, leben musste,
um wirklich glücklich zu sein.«

Brigitte Macron, als Frau des französischen Staatspräsidenten, 2017
im Interview mit der »Elle«

Helmut und Loki Schmidt

1918–2015 & 1919–2010

*Lehrersohn Helmut Schmidt und Arbeitertochter
Hannelore Glasner faszinieren einander schon seit ihrer Schulzeit.
Mitten im Zweiten Weltkrieg, am 27. Juni 1942, heiraten sie in Hamburg.
Ihr 1944 geborener Sohn stirbt noch vor Kriegsende; 1947 wird
Tochter Susanne geboren. Loki Schmidt arbeitet engagiert als Lehrerin,
bis sie 1972 ihrem Mann schweren Herzens nach Bonn folgt.
Trotz oder gerade wegen ihrer Verschiedenheit war
sie dem Bundeskanzler eine unentbehrliche Partnerin.*

Unbedingte Zusammengehörigkeit strahlen sie aus auf den zahl-reichen Fotografien: Helmut Schmidt mit seinem entschiedenen Gesichtsausdruck und dem ordentlich gescheitelten vollen Haar und seine Frau Hannelore mit ihrem gewinnenden Lachen und dunklen Bubikopf – das wohl berühmteste Paar der deutschen Politik. Vor allem Aufnahmen aus den letzten gemeinsamen Lebensjahren lassen eine

Vertrautheit spüren, mit der sie es geschafft haben, auch die schweren Zeiten ihrer 68 Jahre währenden Ehe zu umschiffen und immer wieder einen gemeinsamen Kurs zu finden.

Auf der Lichtwarkschule

In der reformpädagogischen Schule im Hamburger Stadtteil Winterhude, benannt nach dem 1914 verstorbenen Kunstpädagogen und ersten Direktor der Hamburger Kunsthalle Alfred Lichtwark, sollen die Schüler zu selbstständig denkenden Menschen erzogen und befähigt werden, sich an der Gestaltung einer demokratischen Gesellschaft aktiv zu beteiligen. Zudem gehört das musisch ausgerichtete Gymnasium in den Zwanzigerjahren zu den wenigen höheren Schulen, in der Mädchen und Jungen gemeinsam unterrichtet wurden. Hier lernen ab dem Frühjahr 1929 Hannelore Glaser und Helmut Schmidt gemeinsam in einer Klasse.

Hannelore, 1919 geboren, stammt aus einer armen, dennoch belesenen und musikinteressierten Arbeiterfamilie, in der den Begabungen und der Bildung der Kinder große Aufmerksamkeit geschenkt wird. Nur wenige Monate älter ist Helmut, Sohn eines Studienrats.

Schon zu seinem nächsten Geburtstag lädt Helmut seine Klassenkameradin mit ein – als einziges Mädchen. Ihm imponiert die großgewachsene Mitschülerin – noch ist sie viel größer als er – mit dem ausgeprägten Gerechtigkeitssinn und einer bewundernswerten Durchsetzungskraft. Loki wiederum schätzt Helmuts Intelligenz, bewundert seine Redegewandtheit und liebt sein Klavierspiel. Es wird auch mal geküsst, aber hauptsächlich bleiben sie während ihrer Schulzeit eng befreundet, unternehmen stundenlange Spaziergänge, auf denen Loki ihm allerlei über Pflanzen erzählt und Helmut ihr über Architektur und Kunst. Außerdem können sie sich »so schön zanken«, so nennen sie es damals.

1937 legen beide ihr Abitur ab. Loki hofft nun auf ein Biologiestudium, und Helmut, den es zur Architektur zieht, fasst den Beruf des Stadtplaners ins Auge.

*»Bei Hannelore und Helmut verstand ich
ein wenig von dem, was ungleiche Paare verbinden kann:
Respekt und das ständige Bemühen, den anderen
ganz und tief zu verstehen.«*

Klaus von Dohnanyi, Hamburgs langjähriger Bürgermeister

Aus Freundschaft wird Liebe

Das Studium der Biologie bleibt für Loki jedoch ein Traum, ihre Familie kann das Geld dafür nicht aufbringen. Nach dem Arbeitsdienst, durch den es sie für ein halbes Jahr in ein mecklenburgisches Dorf verschlägt, beginnt sie 1938 ein Pädagogikstudium und tritt schon zwei Jahre darauf ihre erste Stelle als Lehrerin an. Auch Helmuts Pläne werden zerschlagen, als nach Ableisten seines Wehrdienstes der Zweite Weltkrieg beginnt und er zum Oberkommando der Luftwaffe nach Berlin beordert wird. In dieser Zeit verlieren die beiden sich zwar nahezu aus den Augen, aber nicht aus dem Sinn. Denn als Helmut im Sommer 1941 Loki in einem Brief bittet, ihn in Berlin zu besuchen, fährt sie gleich zu ihm – und sie beschließen in diesen Tagen, dass sie heiraten werden, sollte Helmut aus dem Russlandfeldzug wieder zurückkehren. Zum Glück kommt er durch einen Befehl schon im Januar 1942 wieder nach Berlin, und so schließen Hannelore Glaser und Helmut Schmidt schon im Sommer 42 zunächst im Hamburger Standesamt und dann in Hambergen bei Bremen auch kirchlich den Bund der Ehe. Viele Jahre später, anlässlich ihrer Goldenen und ihrer Diamantenen Hochzeit, werden sie für den Erhalt ihrer Hochzeitskirche eine beträchtliche Summe spenden.

Viel Zeit zum Glücklichsein bleibt dem jungen Ehepaar nach der Hochzeit im kriegsgeschüttelten Deutschland nicht. Zwischen dem 25. Juli und 3. August 1943 kommt es zu dem verheerenden Bombenangriff der Alliierten auf Hamburg, bei dem die gesamte Innenstadt zerstört wird und über 34 000 Menschen sterben. Beider Familien sind wie durch ein Wunder am Leben geblieben, aber alle haben ihr Zuhause verloren. Loki zieht zu ihrem Mann in eine notdürftig hergerichtete Baracke nach Bernau bei Berlin und bringt dort im Juni 1944 ihren Sohn Helmut Walter, genannt »Moritzelchen«, zur Welt, der acht Monate später an einer Hirnhautentzündung stirbt. Völlig verzweifelt und auf sich allein gestellt – ihr Mann Helmut ist fernab an der Front –, macht Loki sich in dem Chaos der letzten Kriegswochen auf den Weg zu ihrer Familie nach Neugraben.

Neubeginn

1945 ist für Deutschland und auch für die Schmidts ein Jahr des Neubeginns. Helmut Schmidt, der Ende August 1945 aus der Kriegsgefangenschaft entlassen worden ist, beginnt ein Studium der Volkswirtschaft und Staatslehre in der Hansestadt. Hannelore kann ihren Lehrberuf wieder aufnehmen und sorgt für den Unterhalt der Familie. Im Mai 1947 kommt ihre Tochter Susanne zur Welt.

Helmut Schmidt, der nach dem Studium 1949 seine Arbeit in der Hamburger Behörde für Wirtschaft und Verkehr beginnt, plant eigentlich keine Karriere als Politiker, sondern eine Laufbahn in der Wirtschaft,

links: Die Schmidts mit Tochter Susanne, 1948
rechts: Das Paar beim Strandspaziergang in Florida, 1981

doch rückt die Parteiarbeit zunehmend in den Vordergrund. Für die SPD, der er seit 1945 angehört, bewirbt er sich 1953 erfolgreich für ein Mandat im Bundestag und pendelt fortan zwischen Bonn und Hamburg. Inzwischen als Innensenator verantwortlich für seine Heimatstadt, wird er von einem Tag auf den anderen berühmt durch seinen beherzten und unbürokratischen Einsatz während der Flutkatastrophe. Bei der Bundestagswahl 1965 erringt Schmidt einen Abgeordnetensitz und geht nach Bonn. Schon ein Jahr darauf übernimmt er – zunächst kommissarisch – den SPD-Fraktionsvorsitz, 1969 überträgt Bundeskanzler Willy Brandt ihm das Amt des Bundesverteidigungsministers und 1972 des Finanzministers. Seine Frau aber bleibt erst einmal in Hamburg, sieht sich nicht in der Rolle als Politikergattin. Sie liebt ihren Beruf und legt Wert auf ihre Eigenständigkeit. In diesen Jahren erlebt das Ehepaar auch eine ernsthafte Krise, ausgelöst durch Helmut Schmidts Beziehung zu einer anderen Frau. Loki bietet ihm daraufhin die Trennung an, worauf ihr Mann fassungslos reagiert – weg von ihr? Das will er auf keinen Fall. Rückblickend wird Hannelore Schmidt später sagen: »Ich habe eins begriffen: Ich bin sein Zuhause. Das hat er wörtlich so nicht gesagt, aber er hat es mir gezeigt. Und das ist ein Schatz, wenn man für den anderen Menschen ein Zuhause ist.«

In Bonn

Ende 1972 quittiert Hannelore Schmidt dann doch den Schuldienst und zieht zu ihrem Mann nach Bonn. Sie unterstützt ihn in seiner politischen Arbeit und geht 1976 sogar mit auf Wahlkampfreise. Jenseits der von ihr mit viel Charme erfüllten protokollarischen Aufgaben an der Seite des Kanzlers ergeben sich für sie nun auch Möglichkeiten, ihrem Interesse für die Pflanzen- und Tierwelt nachzugehen. Sie gründet unter anderem das Kuratorium zum Schutz gefährdeter Pflanzen, setzt sich für den Botanischen Garten in Hamburg ein und engagiert sich in unterschiedlichen Gremien für den internationalen Naturschutz. »Neben diesem starken Mann brauche ich ein eigenes Terrain«, sagt sie einmal. Am 1. Oktober 1982 endet Helmut Schmidts Kanzlerschaft durch ein konstruktives Misstrauensvotum. Die Eheleute verlassen den Kanzlerbungalow am Rhein und kehren zurück an die Elbe.

Zurück in Langenhorn

Nach zehn Jahren in der Bundeshauptstadt wird das schon 1961 bezogene Haus in Langenhorn wieder zu ihrem ständigen Domizil. Helmut und Loki haben es ebenso wenig aufgegeben wie ihren Ferienbungalow am 70 Kilometer vor Hamburg gelegenen Brahmsee. Langenhorn ist immer ihr eigentliches Zuhause geblieben und wird es auch für beide bis zu ihrem Tod sein. Helmut Schmidt übernimmt kein politisches Amt mehr, widmet sich von nun an publizistischer Tätigkeit, wird Herausgeber der »Zeit«, veröffentlicht zahlreiche Bücher und hält weltweit Vorträge. Auch Loki zieht es in die Welt. Sie geht auf Forschungsreisen unter anderem nach Kenia, auf die Galapagos-Inseln, nach Borneo und Brasilien. Sie gründet Stiftungen für den Schutz der Pflanzen, stiftet Umweltpreise. Zu Hause in Langenhorn berichten sich Helmut und Loki dann gegenseitig von ihren Einsichten und Erlebnissen – nie ohne Zigarette, denn geraucht haben sie beide ununterbrochen seit ihrer Zeit an der Lichtwarkschule. So halten sie es bis zu Loki Schmidts Tod im Oktober 2010, denn: »Wir waren uns so ähnlich, wie sich Mann und Frau ähnlich sein können«, schreibt Helmut Schmidt 2015 in seiner Autobiografie. Im selben Jahr stirbt auch er in ihrem Haus in Langenhorn.

Der Humor stimmt!

3

Gemeinsam im Geiste

Anita Augspurg & Lida Gustava Heymann
Louis Aragon & Elsa Triolet
Helmuth James & Freya Graf und Gräfin von Moltke

Anita Augspurg
Lida Gustava Heymann

1857–1943 & 1868–1943

*Anita Augspurg und Lida Gustava Heymann lernen sich 1896
auf dem Internationalen Frauenkongress in Berlin kennen, arbeiten
miteinander und verlieben sich – es eint sie ihr radikales Engagement
für die Rechte der Frauen. Als 1918 in Deutschland das Frauen-
wahlrecht eingeführt wird, ist das unter anderem ihr Verdienst.
In ihrem über 40-jährigen Zusammenleben bauen die beiden
Vegetarierinnen und Pazifistinnen sich außerdem eine Existenz als
Landwirtinnen auf und legen sich mit Adolf Hitler an ...*

S ie sind zwei der schillerndsten Figuren der Frauenbewegung zu
Beginn des 20. Jahrhunderts – klug, selbstbewusst und radikal. Gemeinsam kämpfen sie für die Gleichstellung der Frauen, fordern das
Wahlrecht, rufen auf zum Widerstand gegen den Krieg und engagieren
sich nach dem Ende des deutschen Kaiserreichs für den Aufbau einer
demokratischen Gemeinschaft.

1896 begegnen sich die beiden völlig unabhängigen, von »hemmendem Familienanhang« emanzipierten, freien Menschen, wie Lida Gustava Heymann es später beschreiben wird, auf dem Internationalen Frauenkongress in Berlin zum ersten Mal.

Emanzipiert und unabhängig

Die 1857 im niedersächsischen Verden geborene Anita Augspurg wächst in einer Kaufmannsfamilie auf. Die Mutter lässt ihren Kindern – auch den Mädchen – völlige Freiheit, »sich nach eigenen Vorstellungen zu entwickeln«. Kaum volljährig, geht Anita daher nach Berlin, legt ihr Lehrerinnenexamen ab und spielt an mehreren Theatern. 1884 beschließt sie jedoch, »anstatt die verklungenen Ereignisse der Geschichte in Bühnendarstellungen zu mimen«, nun am »sich vollziehenden Wandel der Dinge in Staat und Gesellschaft« mitzuwirken. Sie zieht nach München, damals als tolerante, weltoffene Stadt für Künstler und Intellektuelle ein Anziehungspunkt. Dort lässt sie sich zur Fotografin ausbilden, eröffnet 1887 mit einer Freundin das »Atelier Elvira für künstlerisches Lichtbild« und genießt das unkonventionelle Dasein der Münchener Bohème. Sie kauft sich einen Hund, ein Pferd, das sie im Herrensitz reitet, besorgt sich ein Fahrrad, trägt eigenwillige Reformkleidung und einen Kurzhaarschnitt. Außerdem tritt sie dem Verein »Reform« bei, der die Öffnung aller Bildungseinrichtungen für das weibliche Geschlecht fordert. Je mehr sie in die Frauenbewegung eintaucht, desto klarer wird ihr jedoch, dass es juristischer Kenntnisse bedarf, will man Rechte für die Frauen per Gesetz erzwingen. Da in Deutschland Frauen der Zugang zur Universität verschlossen ist, beginnt sie – schon in ihren Dreißigern – ein Jurastudium in Zürich, das sie 1897 mit der Promotion abschließt. Die Jurastudentin nimmt 1896 am Internationalen Frauenkongress in Berlin teil und hält dort eine Rede, die mindestens eine der Zuhörerinnen »wie eine große Befreiung« empfindet. Sie heißt Lida Heymann.

Lida Gustava Heymann, 1868 in Hamburg geboren, stammt aus einem wohlhabenden Elternhaus und führt bis zu ihrem 28. Lebensjahr das unausgefüllte Dasein einer höheren Tochter, derer Pflichten sie sich aber mehr und mehr verweigert. So lehnt sie es ab, auf Bälle – »Heiratsmarkt« der gehobenen Gesellschaft – zu gehen und bringt stattdessen armen Kindern Lesen und Schreiben bei. Nachdem sie ein beträchtliches Vermögen geerbt hat, widmet sie sich karitativen Aufgaben, kauft ein Haus in der Hansestadt und richtet darin ein Frauenzentrum mit einem Mittagstisch für berufstätige Mütter sowie angeschlossenem Kinderhort ein. Sie schafft eine Zufluchtsstätte für Prostituierte, eine Volksbadeanstalt, ein Reformgymnasium für Mädchen und Jungen. Doch auf Wohltätigkeit beschränktes Handeln allein wird die sozialen Verhältnisse nicht verbessern, dazu braucht es politische Einflussnahme, und so sucht sie Kontakt zu anderen engagierten Frauen. Sie tritt dem Allgemeinen Deutschen Frauenverein bei, als dessen Delegierte sie 1896 den Frauenkongress in Berlin besucht und Anita reden hört ...

Radikal für die Rechte der Frauen

Während gemeinsamer Aktionen stellen Augspurg und Heymann fest, wie gut sie einander ergänzen: »Augspurg mit den ungewöhnlichen Ideen und Heymann mit dem hartnäckigen Organisationstalent, Heymann mit ihrer leidenschaftlichen Empörung und Augspurg mit ihrer Ironie und ihrer kühlen politischen Analyse«, schreiben ihre Biografinnen Dünnebier und Scheu. Heymann spürt schon damals, dass Augspurg die Frau ihres Lebens sein wird, doch muss sie sich ein wenig gedulden, bis es bei Anita funkt. Die ist gerade in eine Affäre mit der jungen Katharina Erdmann verstrickt, die Minna Cauer – eine ihrer Mitkämpferinnen in der radikalen Frauenbewegung – eifersüchtig als »Klebstoff« bezeichnet. Den Jahreswechsel zum neuen Jahrhundert verbringt Anita dann aber weder mit Minna noch mit Katharina, sondern bei Lida Heymann in Hamburg. Danach schwärmt sie von ihrer neuen Liebe: Diese Freundschaft werde ewig dauern. Und auch Heymann erklärt, dass ihnen das Gerede der Leute jetzt egal wäre, sie wollten das Leben genießen. Minna Cauer und die anderen Kampfgenossinnen missbilligen zunächst die Verbindung zwischen der »liebenswürdigen, umgänglichen und humorvollen« Anita und der »hochfahrenden, schwierigen und aggressiven« Lida, wie sie die beiden sehen. Doch das bringt die beiden nicht auseinander: 1904 zieht Lida zu Anita nach München. Von nun an werden sie über vierzig Jahre ihr Leben teilen und gemeinsam für die Sache der Frauen kämpfen. Kom-

promisslos. Mit anderen haben sie 1899 den »Verband Fortschrittlicher Frauenvereine« gegründet, der sich vom bürgerlich gemäßigten »Bund deutscher Frauenvereine« abheben soll. Nachdem sie 1908 in London erleben, wie 750 000 Suffragetten für das Wahlrecht auf die Straße gehen, planen sie einen solchen Protestmarsch auch in Deutschland. Der scheitert aber an der Zögerlichkeit der Gefährtinnen.

Landwirtinnen

Kraft für die politische Arbeit schöpfen die beiden nicht nur aus ihrer Partnerschaft, sondern auch aus ihrem zeitweiligen Rückzug aufs Land. Anita Augspurg hat es immer schon geliebt, dort zu sein, die Ruhe der Natur genossen. Hoch oben über dem Kloster Schäftlarn im Isartal hatte sie sich ein Stück Land gekauft, und als Lida zu ihr nach München gezogen ist, lassen sie sich das Haus »Wiesel« bauen, pflanzen Obstbäume und legen einen großen Gemüsegarten an. Beide sind Vegetarierinnen, weil sie die »brutalen Schlacht- und Schächtmethoden« ablehnen. Die landwirtschaftliche Arbeit betreiben sie mit ebenso viel Elan wie ihre politischen Aktivitäten – zur Verwunderung von Besucherinnen wie Minna Cauer, die sich irritiert fragt: »Wie kann man bei dem Geist

links: Lida Gustava Heymann, um 1900
rechts: Anita Augspurg, um 1900

von Anita zufrieden sein mit Reiten, Fahren (mit der Kutsche), Bohnen pflücken, Jäten, Harken und dgl. mehr.« 1907 kaufen sie sogar einen großen Gutshof mit Viehhaltung in Peissenberg. Die dort ansässigen Bauern reagieren allerdings mit äußerster Ablehnung auf die unkonventionellen und alleinstehenden Frauen, auch wenn diese nicht öffentlich als Liebespaar auftreten. Homosexualität, auch zwischen Frauen, ist ein Tabu – selbst innerhalb der Frauenbewegung wird die gleichgeschlechtliche Liebe nie offiziell gelebt. Als die Anfeindungen sich häufen – es kommt sogar zu Brandstiftungen –, verlassen Augspurg und Heymann 1916 das Dorf und ziehen wieder ins Isartal, in die nach ihren Wünschen errichtete »Burg Sonnensturm«. Sie soll ihr endgültiges Refugium werden, hier wollen sie gemeinsam alt werden. Aber vorher ist noch viel zu tun.

Pazifistinnen

Seit 1914 der Erste Weltkrieg ausgebrochen ist, vertritt das Paar gegen den verbreiteten Patriotismus unbeirrt seinen pazifistischen Standpunkt und gehört zu den Veranstalterinnen des Haager Frauenfriedens-

Kongress des Verbandes fortschrittlicher Frauen, 1901: Anita Augspurg, Dritte von rechts, Lida Gustava Heymann sitzt links

kongresses 1915. Die beiden fahren zu Kongressen bis in die USA, um der Bewegung über alle Grenzen hinweg zu mehr Macht zu verhelfen. Und sie fahren im eigenen Auto durch halb Europa bis nach Ägypten.

Euphorisch begrüßen sie das 1918 durch die Sozialdemokraten eingeführte Wahlrecht und kandidieren selbst. Sie erhalten zwar keine Mandate, bleiben aber politisch aktiv und gründen die Zeitschrift *Die Frau im Staat*. Ihre Artikel unterzeichnen sie häufig mit dem Kürzel »Anilid« aus ihrer beider Namen. Als 1923 Anhänger Hitlers gewaltsam Frauenversammlungen sprengen und das Paar bedrohen, fordern Augspurg und Heymann vom bayerischen Innenminister die Ausweisung des späteren Diktators. Das wird 1933 Folgen haben ... Als die Nationalsozialisten an die Macht kommen, dürfen Augsburg und Heymann von einer Auslandsreise nicht mehr nach Deutschland zurückkehren. Ihr gesamter Besitz, ihr Vermögen, ihre Aufzeichnungen werden konfisziert, sodass sie in ihrer Schweizer Emigration zunehmend auf Hilfe angewiesen sind. Mit Beginn des Zweiten Weltkrieges werden sie auch in der Schweiz in die politische Isolation gedrängt, ein bedrückender Zustand, wie Lida Heymann beschreibt: »Sinn unseres Lebens war:

Heymann und Augspurg während des Internationalen Suffragettenkongresses in Budapest, 1913

für Freiheit, Gerechtigkeit und Gleichheit in voller Öffentlichkeit zu wirken. Die Basis war verloren! Häufig überkam uns die Empfindung, als hätten wir uns selbst überlebt, als wären wir lebend bereits gestorben, scheintot: schauerlicher Zustand. Geistig: Erstarrtes Leichengefühl! Physisch: vegetieren, schlafen, essen, verdauen; Drohnendasein!«

Augspurg, inzwischen weit über siebzig, quält sich mit Erkrankungen der Atemwege, leidet unter Gelenkschmerzen, und nun macht sich eine Altersdemenz bemerkbar. Lida Heymann pflegt sie. Gemeinsam schreiben sie ihre Erinnerungen auf, doch Anitas Gedächtnis erweist sich schon als lückenhaft. Als Autorin des Buches mit dem Titel »Erlebtes und Erschautes« ist deshalb Lida Gustava Heymann genannt, »unter Mitarbeit von Anita Augspurg«. Erst 1972 wird die Frauenbewegung die Aufzeichnungen der bis dahin fast vergessenen Kämpferinnen für die Emanzipation an die Öffentlichkeit bringen. Im Frühjahr 1943 wird bei Heymann Krebs diagnostiziert, nur wenige Wochen später stirbt sie. Im Herbst berichtet Anita Augspurg einem Freund: »Mir hat die vergangene Zeit wieder viele trübe Nachrichten gebracht, die schlimmste war der so rasche Tod meiner so treuen, langjährigen Freundin und Kameradin Lida Heymann. Wir waren einander in diesen schweren Jahren so zuverlässige treue Kameradinnen, dem Alter nach hätte ich das Anrecht auf erste Abberufung gehabt, aber im Himmel haben sie vielleicht andere Buchführung und meine Beanspruchung der Anciennitätsberechtigung wäre in unserer jetzigen Zeit eine egoistische Gewinnsucht gewesen. Ich hoffe nur, dass auch ich bald die bekannte Fähre über den Styx in Bewegung setzen werde.« Diese Hoffnung soll sich erfüllen. Am 20. Dezember stirbt Anita Augspurg.

Louis Aragon
Elsa Triolet

1897–1982 & 1896–1970

*Der Franzose Louis Aragon und Elsa Triolet, aufgewachsen
in Moskau, lernen sich 1929 in einem Pariser Café kennen. Die Liebe
füreinander ändert beider bis dahin unstetes Leben.
Verbunden in ihrem politischen Engagement für eine kommunistische
Weltanschauung und ihrer Leidenschaft für die Literatur,
überdauert ihre Liebe vier Jahrzehnte.*

Es ist Elsas Arrangement, das Treffen mit Louis Aragon. Sie liebt seine Texte und fühlt sich angezogen von der schönen, dandyhaften Erscheinung des surrealistischen Schriftstellers. Ein paar Mal sind sie sich schon begegnet, auf dem Boulevard oder in einem der Pariser Caféhäuser der Zwanzigerjahre, in die er so gut passt und in denen sie eine Heimat sucht. Doch Aragon hat sie, die schöne goldblonde Russin, nie bemerkt. So entschließt sich Elsa, nachzuhelfen, bittet Roland Tual aus der Surrealisten-Clique, ein Treffen mit dem Verehrten zu arrangieren.

Am späten Nachmittag des 6. November 1928 macht sich Louis auf den Weg in die Bar La Coupole, um die Frau zu treffen, die ihm Roland so ans Herz gelegt hat. In dem von Exilrussen bevorzugten Lokal am Boulevard Montparnasse wartet Elsa Triolet gemeinsam mit ihrem Begleiter Wladimir Pozner. Ganz geheuer ist auch Elsa das arrangierte Rendezvous nicht. Doch würde alles gut gehen, soll Pozner auf ein von ihr gegebenes Zeichen den Ort wieder verlassen. Es dauert nicht lange, da kann Pozner Hut und Mantel ergreifen ...

Liest man die Erinnerungen des Paars an diesen 6. November, so sollen sie sich von diesem Tag an nie mehr getrennt haben. Beobachter und Freunde aus der Szene sprechen später allerdings von einer mystischen Verklärung dieses ersten Treffens durch die beiden, erzählen vom aufdringlichen Werben Triolets um Aragon, wenn sie sich in den folgenden Tagen begegnen. Wie dem auch sei, der 6. November 1928 wird, wie es Unda Hörner in ihrem Buch über das Paar formuliert, »für Elsa und Aragon zum achten Schöpfungstag, an dem das Paar erschaffen wird – das Paar als beider künftiger Lebensphilosophie«.

Elsa

Elsa, geboren 1896 unter dem Namen Ella Jurjewna Kagan, ist in Moskau als Tochter eines angesehenen, liberal eingestellten Rechtsanwalts und einer passionierten Klavierspielerin groß geworden. Umsorgt von einem französischen Kindermädchen, wächst sie mit ihrer fünf Jahre älteren Schwester Lilja in Wohlstand und einer gepflegten Salonatmosphäre auf, die ihre Mutter schafft. Elsa ist 16 Jahre alt, da lernt sie Wladimir Majakowski kennen. Dieser ungestüme, sich so gar nicht bürgerlich gebärdende Dichter ist mit seinen 19 Jahren schon eine Ikone der russischen Avantgarde, und Elsa verliebt sich unsterblich in ihn und seine Verse. Majakowski und sie sehen sich fast täglich – bis eines Tages Elsas inzwischen mit Ossip Brik verheiratete Schwester Lilja auftaucht. Zwischen ihr und Wladimir Majakowski funkt es sofort.

Elsa verwindet den Verlust ihrer ersten großen Liebe nur schwer. Ihr Diplom, das sie im Jahr nach der Oktoberrevolution von 1917 an der Architekturschule erhielt, kann sie hierbei kaum trösten.

Da tritt André Triolet auf den Plan, ein eleganter Offizier aus der französischen Botschaft. Er umschwärmt die junge Russin, macht ihr großartige Geschenke und verspricht ihr an seiner Seite ein aufregendes Leben. Auch um Majakowski zu vergessen, geht Elsa 1919 mit Triolet nach Paris, heiratet ihn dort, und bald fahren sie weiter nach Tahiti. Doch das luxuriöse Leben als Anhängsel eines Kolonialherren langweilt Elsa schnell. Als auch die Leidenschaft ihres Mannes, »der keine Verse schrieb«, wie sie später formuliert, nachlässt, kehrt sie allein zurück nach Paris. Sie geht für einige Monate nach London, um sich als Bauzeichnerin Geld zu verdienen, denn mit der Revolution hatte die Familie Kagan ihr gesamtes Vermögen verloren. Dann lässt sie sich für kurze Zeit in Berlin nieder und pendelt in den folgenden Jahren zwischen der Pariser Bohème und der Moskauer Intelligenzija, unschlüssig, wie sie ihr Leben künftig gestalten würde. Über einen Mangel an Verehrern kann sie sich nicht beklagen, doch an eine Partnerschaft stellt sie nach der gescheiterten Ehe höhere Ansprüche, denkt dabei auch an das produktive Zusammensein ihrer Schwester mit Majakowski: »Mir scheint,

links: Louis Aragon, 1927
rechts: Elsa Triolet, undatierte Aufnahme

dass es gut wäre, einen Mann zu heiraten, mit dem irgendeine gemeinsame Arbeit möglich wäre. Das muss außerordentlich sein.«

In Berlin, wohin es nach der Gründung der Sowjetunion viele russische Freunde verschlagen hat, gehört der Schriftsteller und Literaturkritiker Viktor Schklowski zu ihren Begleitern. Unter dem Titel »Zoo oder Briefe nicht über die Liebe« veröffentlicht er mehrere Briefe Triolets. Anlass für Maxim Gorki, der sich damals ebenfalls nahe Berlin aufhält und mit den beiden häufig zusammentrifft, sie zum Schreiben zu animieren. 1925 erscheint dann in einem Moskauer Verlag tatsächlich »à Tahiti«, ein viel beachteter sozialkritisch geprägter Bericht über das Leben auf der pazifischen Insel. Schklowski versucht sie zu überreden, wie er, nach Moskau zurückzukehren, da es dort für eine angehende Schriftstellerin mehr zu tun gäbe als in Frankreich, wo sie nur die »feine Dame« spielen könne. Doch Triolet entscheidet sich für Paris – in der Sowjetunion gebe es jetzt zwar wieder Karotten (Anfang der Zwanzigerjahre hatte es dort eine verheerende Hungersnot gegeben), aber woher bekäme sie einen Lippenstift?

Sie schreibt weiter. 1925 erscheint der Roman »Fraise-des-Bois« und 1928 »Camouflage«. Der Erfolg von »à Tahiti« wiederholt sich jedoch nicht. Triolet stellt das Schreiben wieder ein.

Louis

Louis Aragon kommt 1897 in Paris als uneheliches Kind zur Welt und wächst, um die »Schande« zu vertuschen, zunächst bei einer Amme, dann bei den Großeltern auf. Seinem leiblichen Vater, dem liberalen Politiker Louis Andrieux, gelingt es nur schwer, seinen Einfluss in der katholischen Erziehung der Familie der Mutter, Marguerite Toucas-Massillon, geltend zu machen.

Schon in jungen Jahren entdeckt Louis seine Liebe zur Sprache, studiert auf Wunsch der Mutter nach dem Abitur dann aber doch Medizin. Im dritten Jahr des Ersten Weltkriegs kommt er als Hilfsarzt ins Pariser Hospital Val-de-Grâce, wo er auf einen ebenso Literaturbegeisterten trifft: André Breton. Beide teilen zudem die Vorliebe für Künstler wie Cézanne, Picasso, Braque, Matisse, und sie verbindet eine tiefe Abneigung gegen die verkrustete bürgerliche Welt. Aus dem Militärdienst entlassen, denkt Aragon nicht mehr an eine Fortsetzung seines Medizinstudiums, sondern will gemeinsam mit Breton und Philippe Soupault eine Literatur begründen, die alles Bisherige infrage stellt. Im März 1919 erscheint die erste Ausgabe ihrer Zeitschrift »Littérature«. Angeregt durch die revolutionäre Dada-Bewegung in Zürich, stoßen weitere junge Künstler zur Gruppe: Paul Éluard, Max Ernst, Francis Picabia, Man Ray, Marcel Duchamp und Benjamin Péret. Junge Leute, die den Krieg überlebt haben und nun mit Vehemenz und großer Geste an die Zerstörung des Alten gehen und sodann nach einer zukunftsweisenden Ästhetik suchen. Die finden sie im Surrealismus - die phantastische Macht des Unbewussten soll jeden Bereich des Lebens revolutionieren. Für Aragon, noch immer bei seiner Familie in Neuilly zu Hause, wird Bretons Wohnung in der Rue Fontaine zum täglichen Treffpunkt. Von hier erschließt er sich das nächtliche Paris, wird zum Stammgast in Cafés, Bars und Bordellen. Schon damals lässt er sich leiten von der Vision einer bedingungslosen Liebe, die jedoch jedes Mal im Desaster endet. Mit der exzentrischen, reichen Erbin Nancy Cunard reist er durch die Welt, genießt als mitteloser Surrealist - mit durchaus zwiespältigen Gefühlen - den Luxus, den sie ihm bietet. Als sie ihn nach zwei Jahren verlässt, ist er am Boden zerstört und versucht sich das Leben zu nehmen, wird aber gerettet. Das ist im Jahr 1928.

Das Rendezvous im La Coupole wird so zu dem Beginn eines neuen Lebensentwurfs, den Louis wie Elsa, beide inzwischen Mitte dreißig, herbeigesehnt haben. Hinzu kommt, dass Aragon - seit Kurzem auch Mitglied der Kommunistischen Partei Frankreichs - aus der Ferne von der jungen Sowjetunion schwärmt. Dass dort, wie von der surrealistischen Avantgarde angestrebt, Politik und Kunst eine Einheit bilden - so jedenfalls seine Vorstellung -, stimmt ihn regelrecht euphorisch. Dazu passt natürlich Triolets enge Verbindung nach Moskau.

Zweisamkeit

Elsa packt ihre Koffer und zieht aus ihrem einsamen Zimmer in Montparnasse zu Louis, der sich inzwischen mit André Breton ein Quartier in der Rue de Château teilt. In dieser Hochburg der Surrealisten »kommen Leute und gehen, Türen schlagen zu, du sitzt wie auf einem Stecknadelkopf, hast nichts, was dir gehört, weder in der Hosentasche noch im Herzen. Wie soll man etwas für sich haben, wenn man in einer Art öffentlichem Durchgang wohnt?« Für Zweisamkeit bleibt kein Raum.

Nach einem Vierteljahr mietet das Paar ein Zimmer in der Rue Campagne-Première. André Breton allerdings ist damit nicht einverstanden, sieht in Triolet einen Eindringling, wirft Aragon vor, sich durch seine Lebensgestaltung zunehmend von den Prinzipien des Surrealismus zu entfernen. Auch Aragons Arbeit als Romancier unterzieht er der Kritik – seiner Ansicht nach eine überholte, bürgerliche Form des Schreibens.

Triolet wiederum zweifelt daran, dass die Surrealisten mit ihrer Kunst die Massen erreichen würden. Zudem missfällt ihr deren Sicht auf Frauen als nicht ebenbürtige, wenngleich begehrte Objekte der Liebe. Denn trotz allem hält sie ihre Eigenständigkeit immer für ein hohes Gut. Die zunehmende Distanz Aragons zu den Surrealisten geht einher mit größerer Nähe zur Kommunistischen Partei. Die Genossen goutieren seine monogame Paarbeziehung, die der neu aufkommenden Prüderie der sozialistischen Weltanschauung entspricht. Aragon wird Mitarbeiter des Parteiorgans »L'Humanité«. Das Geld, das er für seine Artikel bekommt, reicht allerdings kaum für das Nötigste. Triolet arbeitet deshalb zeitweise als Sekretärin oder als Statistin in Filmateliers. Doch für ein bisschen Luxus erhält auch sie nicht genug Lohn. Sie beginnt, ihren Schmuck selbst herzustellen. Es entstehen extravagante, schöne Stücke, mit denen sie sogar in der Pariser Modewelt auffällt. Was liegt da näher, als damit Geld zu verdienen? Aus gefärbten Federn, Metallreifen, bunten Steinen, Litzen, Borten entwirft sie Modeschmuck und bietet ihn in Boutiquen und Modehäusern an. Der Erfolg stellt sich schnell ein. Triolet verkauft unter anderem an Patou, Poiret und vor allem an Elsa Schiaparelli. Bald kommt sie mit der Produktion kaum hinterher, arbeitet oft die Nacht durch, und früh zieht Aragon mit den kleinen Köfferchen los, um auszuliefern. Nach zwei Jahren guten Verdienstes beendet sie jedoch dieses Intermezzo, bei dem sie auch die Kehrseite der mondänen Salons kennengelernt, die Härte des Modegeschäfts erfahren und die engen Schneiderbetriebe gesehen hat. Die Akkordarbeit leistenden Näherinnen werden schon damals hemmungslos ausgebeutet. Triolet hat notiert, was sie gesehen hat, und die Aufzeichnungen für ein

Elsa Triolet und Louis
Aragon, 1960

Buch mit dem Titel »Colliers des
Paris« gesammelt. Es sind rea-
listische Milieuschilderungen,
die bereits ihre Hinwendung zur
marxistischen Weltanschauung
erkennen lassen.

Selbst schreiben – das will
Elsa. Doch es dauert, bis sie den
Mut aufbringt, neben ihrem gro-
ßen Dichter als Schriftstellerin zu bestehen. Vorläufig tippt sie noch
ohne Louis' Wissen, lauert darauf, dass er das Zimmer verlässt und sie
sich an die Schreibmaschine setzen kann. Denn neben der Rubrik mit
Modetipps, die sie für die von der KPF herausgegebene Zeitung »Ce
Soir« verantwortet, arbeitet sie an einem Roman. Auch Louis beginnt
nach einer langen journalistischen Phase wieder an einem Romanzy-
klus zu arbeiten – das Motto des ersten, sehr erfolgreichen Bands »Die
Glocken von Basel«: »Mein Leben fängt mit Dir erst an«. Elsa ist zur
Muse seiner Sprachkunst geworden, und der 1934 erschienene Roman
endet mit einer Hymne auf die neue Frau: »Hier wird zum ersten Mal
in der Welt der wahren Liebe Platz gemacht. Der Liebe, die nicht mehr
befleckt ist durch die Unterordnung der Frau unter den Mann, durch
die schmutzigen Geschichten von Unterröcken und Küssen, durch die
Macht des Geldes des Mannes über die Frau oder des Geldes der Frau
über den Mann. Die Frau der neuen Zeit ist geboren, und sie besinge
ich.« Als seine Frau der neuen Zeit ihren Roman beendet hat, kommt es
zur entscheidenden Wende in der Liebe zwischen Elsa und Louis. Das
Buch gefällt ihm, und das macht er öffentlich. Er, der Sprachkünstler,
erkennt die Wirkung ihres pragmatischen, beobachtenden Schreibstils
auf den Leser und macht ihr Mut zu weiterer schriftstellerischer Arbeit.
»Bonsoir, Thérèse« erscheint 1938. Triolet ist von jetzt ab nicht mehr nur
Aragons Muse, sondern ihm ebenbürtig im Schreiben.

»Nichts ist dem Menschen jemals sicher.
Nicht seine Stärke.
Nicht seine Schwäche, nicht sein Herz.«

Louis Aragon, Auszug aus »Il n'y a pas d'amour heureux«,
einem der berühmtesten Chansons der Résistance

Gemeinsam für die Sache

Im November 1930 hat Triolet zum ersten Mal die Sowjetunion mit Aragon bereist, der geradezu schwärmt von dem Land. Die beiden nehmen zwar Armut und Mangel war, doch kann dies ihren Glauben an die Zukunft der Sowjetunion nicht erschüttern. Auch Aragon findet hier schließlich die Gewissheit, dass Literatur für das Volk da sein müsse, nur so könne die Gesellschaft erneuert werden. Damit entfernt er sich von den Positionen der Surrealisten, deren Wirksamkeit auf eine künstlerische und intellektuelle Elite beschränkt blieb. Auf dem Internationalen Kongress proletarischer und revolutionärer Schriftsteller in Charkow, dem eigentlichen Zweck der Reise, sollten Aragon und Georges Sadoul im Auftrag Bretons und seiner Mitstreiter die surrealistische Erforschung des Unbewussten als einzige die Kunst revolutionierende Verfahrensweise propagieren. Stattdessen unterschreiben sie eine Erklärung des Verzichts auf alle surrealistischen Positionen, darunter auch auf die »idealistische Ideologie des Freudianismus«. Der daraufhin unvermeidliche Bruch mit Breton schweißt das Paar noch mehr zusammen. Aragon schreibt hymnische Verse auf ein Liebespaar, über das Lenin schützend seine Hand hält – das Glück der Liebe als Entwurf für die Zukunft. Die unbedingte Verteidigung der Moskauer Politik, auch während der 1934 einsetzenden stalinistischen Säuberungen und nach der Unterzeichnung des Hitler-Stalin-Paktes 1939, bringt dem Paar viel Kritik ein, doch finden beide für sich immer wieder plausible Erklärungen. Es gilt, alles dem großen Ziel unterzuordnen.

Schreiben und politische Arbeit verschmelzen ineinander und werden empfunden wie die Vereinigung eines Liebespaars. Romane entstehen und Gedichte, Streiks und Meetings werden organisiert, Spendenaktionen für die republikanischen Kämpfer im Spanischen Bürgerkrieg initiiert. Am 28. Februar 1939 heiraten Triolet und Aragon angesichts des drohenden Krieges – obwohl sie das Ritual an sich für überflüssig halten. Elsa flieht 1940 vor den deutschen Besatzern aus Paris und trifft Louis nach dessen Rückkehr aus der französischen Armee wieder in der Dordogne. Sie schließen sich der Résistance an, gehen in die Illegalität und widmen sich dort weiter der Schriftstellerei. Zu einer ernsten Krise kommt es aber, als Elsa zu wenig Rückhalt für ihre Arbeit spürt. Später wird Aragon darüber sagen: »Elsa hat mir meine männliche Brille heruntergerissen, die Vorurteile des Mannes, der unter dem Vorwand alle Verantwortung für das Paar auf sich zu nehmen, die Frau nur seine Spiegelung sein lässt.« Entstanden ist in dieser Phase Aragons Text für eines der berühmtesten Chansons der Résistance, »Il n'y a pas d'amour heureux«.

Wendepunkte

Am 27. September 1944 kehrt das Paar in das befreite Paris zurück. Als zwei der wenigen überlebenden Initiatoren der Widerstandsbewegung gegen die deutschen Besatzer werden sie überschwänglich empfangen, man ist begierig, ihre Berichte zu hören, Interviews mit ihnen füllen die Zeitungen, ihre während der Résistance entstandenen Texte werden erneut veröffentlicht. Für ihre Novellensammlung »Das Ende hat seinen Preis« erhält Triolet den Prix Goncourt, den bekanntesten französischen Literaturpreis. Endlich wird sie auch in der Öffentlichkeit nicht nur als Anhängsel des großen Dichters wahrgenommen: Das Schriftstellerpaar bereist nach Kriegsende halb Europa und wird als Vertreter eines freien Frankreichs überall mit großen Ehren empfangen.

In den Fünfzigerjahren, als der Glanz der Résistance langsam verblasst, geraten sie, die Kommunisten, mit der Verschärfung des Kalten Krieges in das Sperrfeuer der Propaganda. Man nennt sie gern »Moscoutaires«, erklärt sie gar zu Staatsfeinden, da sie sich gegen Frankreichs Politik in Algerien und Indochina wenden und unbeirrbar an Stalins Politik festhalten. In der Pariser Szene übt die offene Beziehung Simone de Beauvoirs mit Jean-Paul Sartre auf die neue Generation eine stärkere Anziehung aus als die monogame Liebe Triolets und Aragons.

Ermüdet von all den Auseinandersetzungen und Verpflichtungen, ziehen sie sich zurück aufs Land. Die Zweizimmerwohnung in der Rue de la Sourdière – seit 1935 ihr Zuhause – tauschen sie ein gegen eine ehemalige Wassermühle in Saint Arnoult in der Nähe des Forstes von Rambouillet. Da draußen, mit Abstand zum turbulenten Paris, kommen sie wieder zum Schreiben.

Als gegen Ende der Fünfziger das ganze Ausmaß stalinistischer Schreckensherrschaft bekannt wird, gerät auch für Louis und Elsa ihr kommunistisches Ideal ins Wanken. An Stelle dieser gescheiterten Hoffnung tritt bei Aragon die Überhöhung der Liebe. Der Kritiker Roy schrieb: »Aragon geht die Liebesehe ein, wie er in die Partei eintritt: Er tritt in eine Religion ein.« Schon als junger Mann hatte er einmal gegenüber Breton formuliert: »Eine Frau lieben, heißt, sie als alleinigen Lebensinhalt zu betrachten, als eine Inbesitznahme, vor der alles andere zurücktritt.«

Elsa und Louis spazierend in Gesellschaft, 1950er Jahre

Die Liebe – das ist für Aragon Elsa

Aragon und Triolet sind wie ihr Schreiben aneinander gewachsen, in den fast vierzig Jahren tun sie kaum einen Schritt ohne den anderen, was liegt da näher, als ihre Romane ebenfalls vereint herauszubringen? Im Jahr 1964 beginnen Triolet und Aragon mit der Zusammenstellung einer gemeinsamen Werkausgabe ihrer Prosa – wohl einmalig in der Literaturgeschichte –, der »Œuvres Romanesques Croisées«. Den Abschluss der insgesamt 42 Bände neun Jahre später erlebt Elsa Triolet nicht mehr. Am 16. Juni 1970 erliegt sie einem Herzleiden. Am 24. Dezember 1982 stirbt Louis Aragon.

Für die Pariser ist das Paar bis zu Triolets Tod schon zum Mythos geworden, die Verkörperung des Ideals einer großen Liebe. Ein wenig zurückhaltender, aber ebenso elegant wie in frühen Tagen treten sie stets gemeinsam in die Öffentlichkeit, lassen sich kaum eine Theaterpremiere entgehen und werden zum Gegenstand gern gelesener Bildreportagen, in denen man schwärmt vom »schönsten Bild einer einzigartigen Liebe«. Das Paar selbst wundert sich allerdings über diese naive Sichtweise. Aragon einmal dazu: »Letztlich störte es mich, dass unser Leben diese vorgebliche Idylle gewesen sein soll ... Unser Leben war keinesfalls diese Hochglanzpostkarte, an die einige Leute schließlich geglaubt haben.« Auch für sie hat der Alltag genügend Tücken bereitgehalten. Doch ist es ihnen gelungen, ihre Liebe in eine bleibende Sprache zu verwandeln und ihr so ein Denkmal zu setzen.

Ihre letzte Ruhe finden Elsa Triolet und Louis Aragon in dem Doppelgrab auf einem Hügel im Park ihres Anwesens in Saint Arnoult, dessen Inschrift noch einmal beschwört: »Und wenn wir dann Seite an Seite nebeneinander ruhen, wird die Verbundenheit unserer Werke uns im Guten wie im Schlechten in einer Zukunft vereinen, die unser Traum und unsere größte Sorge war. So werden unsere vereinten Bücher, schwarz auf weiß, Hand in Hand, dem die Stirn bieten, was uns einander entreißen wird.«

Helmuth James und Freya Graf und Gräfin von Moltke

1907–1945 & 1911–2010

*Helmuth von Moltke und Freya Deichmann begegnen sich erstmals
1929 während der Ferien in Österreich. Am 18. Juni 1931 heiraten
sie auf dem Gut von Helmuths Eltern in Kreisau. Ihrer tiefen Liebe sind
jedoch nicht allzu viele Jahre vergönnt. Helmuth, der gemeinsam mit
Freya einer Widerstandsgruppe gegen Hitler angehört, wird im
Januar 1944 verhaftet und ein Jahr später hingerichtet. Zurück bleibt
Freya mit ihren beiden Söhnen. Sie wird nie mehr heiraten.*

Auf einer großen Wiese des Friedhofs von Norwich im amerikanischen Vermont steht ein fast unscheinbarer Grabstein mit der Inschrift: Freya von Moltke / 29. März 1911 – 1. Januar 2010 wife of Helmuth James von Moltke / 11. März 1907 – 23. Januar 1945

Freya von Moltke hatte es so gewünscht. Über ein halbes Jahrhundert nach seinem Tod bekundete sie noch einmal ihre Liebe zu dem Mann, den sie so früh verloren hatte. Die Nationalsozialisten hatten ihn ermordet und seine Asche auf die Berliner Rieselfelder gekippt. Auf dem Hang mit Blick auf die Hügel von Vermont, die denen um Kreisau so ähnlich sehen, fand er wieder mit ihr zusammen. »Ich werde alt und anders werden, aber in mir wirst Du immer drin bleiben, bis ich sterbe und Dich so oder so wiederfinden darf«, schrieb Freya ihm einst in das Gefängnis, wenige Monate vor seiner Hinrichtung.

Widerstand gegen Hitler

Im Zusammenhang mit den Prozessen gegen die gescheiterten Hitler-Attentäter vom 20. Juli 1944 wurde Helmuth James Graf von Moltke am 12. Januar 1945 vom Präsidenten des Volksgerichtshofs, Roland Freisler, zum Tode verurteilt. Vergeblich hatten Freya und Helmuth James – beide waren promovierte Juristen – versucht, die Unrechtmäßigkeit der Anklageschrift zu beweisen, da Moltke bereits im Januar 1944 verhaftet worden war und zu Stauffenberg keinen Kontakt hatte. Auf Freislers willkürliches und schon vor der Verhandlung feststehendes Urteil hatten ihre Argumente jedoch keinerlei Einfluss.

Helmuth James von Moltke gehörte zu den führenden Köpfen des Widerstands gegen das Naziregime, lehnte jedoch aus christlichen und ethischen Motiven einen Gewaltakt gegen Hitler ab – genährt auch von der Hoffnung auf eine baldige Beendigung des Krieges durch die Alliierten. Gemeinsam mit Peter Graf Yorck von Wartenburg hatte er nach Kriegsbeginn Kontakt zu Gleichgesinnten aufgenommen, um eine politische Neuordnung Deutschlands zu planen. Die Gruppe war in sozialer, politischer und religiöser Hinsicht sehr heterogen. Ihr gehörten adlige Grundbesitzer, Unternehmer, katholische und protestantische Christen ebenso an wie Sozialisten. Was sie einte, war der unbedingte Wunsch nach einem baldigen Ende der NS-Diktatur und des Krieges. Ihnen schwebte eine neue Gesellschaftsordnung mit einer nach sozialistischen Ideen ausgerichteten Sozialpolitik vor, getragen durch eine verantwortliche Selbstbestimmung des Einzelnen.

Mehrmals trafen sich die Mitglieder der Gruppe auch auf dem Gut der Moltkes im schlesischen Kreisau, weshalb die Nationalsozialisten ihnen nach mehreren Verhaftungen den Namen »Kreisauer Kreis« verpassten, der so schließlich in die Geschichte einging.

»Nur wir zusammen sind ein Mensch. ...
Darum, mein Herz, bin ich auch gewiss, dass Du mich auf
dieser Erde nicht verlieren wirst, keinen Augenblick.«

Helmuth an Freya, 11. Januar 1945, aus »Helmuth James und Freya von Moltke:
Abschiedsbriefe Gefängnis Tegel. September 1944 – Januar 1945«

Verliebt auf den ersten Blick

In Kreisau (heute Krzyżowa in Polen), auf dem Sitz der Familie Moltke, war Helmuth James von Moltke am 11. März 1907 geboren worden. Seine Eltern entsprechen so gar nicht dem Bild eines typisch preußischen Junkerpaares. Der Vater, Anhänger der Kirche Christliche Wissenschaft, und die Mutter, Tochter eines liberal und demokratisch gesinnten südafrikanischen Richters, erziehen ihre Kinder nach ebenjenen Grundsätzen. Kontakt zu der Reformpädagogin Eugenie Schwarzwald führt Helmuth James 1929 an den Grundlsee in der Steiermark. In Dr. Schwarzwalds Sommerhaus können Jugendliche ihre Ferien verleben. Darunter ist auch die Bankierstochter Freya Deichmann, die mit ihren 18 Jahren kurz vor dem Abschluss des Abiturs steht und nun das erste Mal auf den hochgewachsenen, gut aussehenden Helmuth James Graf von Moltke trifft: »Helmuth kam die Verandastufen herauf ... Ich sah ihn, und mein Herz stand still. Ich wusste überhaupt nicht, was da passierte. Ich hatte das noch nie erlebt! Und erst als Daisy mich fragte: ›Was hast du denn?‹, sagte ich, das wüsste ich leider nicht, aber ich erzählte, was ich so rätselhaft fand, und ... sie sagte so lachend: ›Tja, du hast dich in ihn verliebt!‹.« – So erzählt es Freya noch mit 95 Jahren. Fortan lässt Freya Helmuth James nicht mehr aus den Augen, nimmt zwar wahr, dass er mehr von der hübschen Schauspielerin Daisy angetan ist, lässt aber nicht locker. Daisy reist ab, und zu zweit genießen Freya und Helmuth James nun die fantastische Landschaft. Als sie sich schließlich trennen müssen, schickt er ihr sogleich einen Brief hinterher, der die Weichen für beider Leben stellt: »Ich will damit anfangen, Ihnen zu sagen, dass dieser Sommer ein unerhörter Höhepunkt meiner Existenz gewesen ist; ein Höhepunkt nur im Verhältnis zur Vergangenheit, so ein Höhepunkt, bei dem man sich atemlos vor Staunen umdreht, um festzustellen, was einem bisher alles gefehlt hat – um dann weiterzusteigen.«

Kreisau

Zurück aus den Ferien, warten auf Helmuth James von Moltke, der gerade sein Jurastudium abgeschlossen hat, große Aufgaben: Sein Vater überträgt ihm die Sanierung des hochverschuldeten Gutes Kreisau, und nebenher absolviert er sein Refendariat in Schweidnitz (Świdnica) und Reichenbach. Freya beginnt nach dem Abitur ein Jurastudium, und wenn auch nicht viel Zeit ist für Begegnungen, so ist doch klar, dass sie zusammenbleiben werden. Im Oktober 1931 heiraten sie, und Freya bleibt erst einmal einige Monate in Kreisau, um ihre Schwiegermutter während deren Besuchsreise in Südafrika zu vertreten. Die Rolle der Gutsherrin ist Freya nicht auf den Leib geschrieben, doch sie meistert sie mit Bravour, wie sie es vor allem in den Kriegsjahren unter

links: Freya von Moltke, 1948
rechts: Hochzeitsfoto des glücklichen Paares, Oktober 1931

Beweis stellt. In Berlin bezieht das Paar eine kleine Wohnung in der Bendlerstraße, doch wird ihre Ehe eher als Fernbeziehung gelebt.

Angewidert von den Nationalsozialisten und empört über deren ungehemmte Rechtsbrüche, verwirft Moltke seinen Plan, Richter zu werden und spezialisiert sich auf internationales Recht. So ist er viel auf Reisen, als Rechtsanwalt und nach Kriegsbeginn als Völkerrechtsexperte in der Abwehr, wo er zum Beispiel versucht, Geiselerschießungen zu verhindern. Seine vielfältigen Kontakte ins Ausland, so hofft er, wird er für den Aufbau eines neuen Deutschlands einmal nutzen können.

Eine Liebe in Briefen

Schon um 1935, und vor allem nach der Geburt ihrer Söhne Helmuth Caspar (1937) und Konrad (1941), wird für Freya mehr und mehr Kreisau zum bevorzugten Aufenthaltsort. Ihre Nähe zueinander verlieren Freya und Helmuth James von Moltke dennoch nie. Sind sie nicht am selben Ort, schreiben sie sich täglich Briefe, erörtern darin alles, was

Freya von Moltke in der Bayerischen Akademie, 2008

sie bewegt: Gutsangelegenheiten, Arbeitsaufgaben, Kindererziehung – und sie tauschen sich aus über politische Themen, besprechen Fragen des Glaubens. Auch ihre Haltung gegenüber dem NS-Regime ist eine gemeinsame. Wie auch Marion Gräfin Yorck von Wartenburg und die anderen Frauen der Protagonisten des Kreisauer Kreises nimmt sie teil an den Treffen der Gruppe und unterstützt sie in ihrer gefährlichen Mission. Über 1600 Briefe sind es, die Helmuth James von Moltke zwischen 1929 und 1945 an seine Frau geschrieben hat. Darunter auch jene geheimen aus dem Gefängnis, aus den Tagen, an denen er stündlich mit der Vollstreckung des Todesurteils rechnen muss. Die Briefe aus dem Gefängnis herauszuschmuggeln, ist nahezu unmöglich, doch der Gefängnispfarrer Harald Poelchau, der diese lebensgefährliche Aufgabe übernimmt, gehört zu den Vertrauten des Kreisauer Kreises.

Freya Moltke gelingt es, die Briefe ihres Mannes in den Bienenstöcken auf dem Gut vor den Nazis und den anrückenden Russen zu verstecken und mitzunehmen, als sie 1945 mit ihren Söhnen aus Kreisau fliehen muss.

Nach einigen Jahren in Südafrika und Deutschland zieht Freya von Moltke 1960 zu dem Rechtshistoriker und Soziologen Eugen Rosenstock-Hussey in die USA. Geheiratet hat sie jedoch nicht mehr. Gemeinsam mit Rosenstock-Hussey arbeitet sie an der Herausgabe von dessen Schriften und bereitet die Herausgabe der Briefe ihres Mannes vor.

Nach Kreisau reist Freya Moltke das erste Mal wieder nach dem Fall des Eisernen Vorhangs 1990. Mit ihrer Unterstützung wird das verfallene Gut wieder aufgebaut und umgewandelt in eine Begegnungsstätte zur europäischen Verständigung. Einen Gedenkstein gibt es auch hier: Mit den eingemeißelten Namen der Moltkes, denen nur so wenig Zeit geschenkt war für ihre Liebe, die dennoch blieb.

4

Eins sein in der Profession

Hans Arp & Sophie Taeuber
Alma Reville & Alfred Hitchcock
Friederike Mayröcker & Ernst Jandl
Christa & Gerhard Wolf
Siri Husvedt & Paul Auster
Paul & Linda McCartney

Sophie Taeuber und Hans Arp

Hans Arp & Sophie Taeuber

1886–1966 *&* 1889–1943

*Schon bevor sie sich begegnen, sind sie mitgerissen von der Entwick-
lung neuer Kunstformen zu Beginn des 20. Jahrhunderts: Hans Arp
und Sophie Taeuber. Ihre künstlerischen Begabungen führen beide nach
Zürich, wo sie sich kennenlernen und zur Dada-Bewegung gehören.
Auch in ihrer 1922 geschlossenen Ehe bestimmt die Kunst das gemeinsame Leben, während Sophie zusätzlich für den Lebensunterhalt sorgt.*

I n der Nacht vom 12. auf den 13. Januar 1943 stirbt Sophie Taeuber
einen tragischen, vermeidbaren Tod. Im Haus von Freunden wacht
sie morgens nicht mehr auf – eine Kohlenmonoxidvergiftung durch
den Ofen im Gästezimmer ... Zurück lässt sie ihren völlig verstörten
Ehemann. Wie sollte er ohne Sophie existieren? Ohne sie, die ihm Partnerin in der künstlerischen Arbeit war, ihn gleichzeitig umsorgt, sich
um alles gekümmert hatte. »... ich fühle mich grauenhaft verstümmelt,
wenn ich nicht meine freunde hätte so wäre ich sicher schon sophie

nachgereist«, schreibt er niedergeschmettert an eine Freundin. Die folgenden Jahre lebt er versunken in Trauer über den Verlust, gelähmt in seiner bildhauerischen Arbeit. In Gedichten huldigt er der Verstorbenen, taucht ein in die Sprache und in den Glauben, um der Fortgegangenen nahe zu sein. Und er findet zu einem ganz neuen Blick auf Taeubers Kunst. Die künstlerischen Auseinandersetzungen haben einen wesentlichen Teil ihres Zusammenlebens ausgemacht, doch ging es dabei meist um Hans' Werke. Jetzt, nach ihrem Tod, geht Arp daran, sich Sophies Arbeiten ausführlich zu widmen. Er gibt ein Werkverzeichnis in Auftrag und macht sie in Ausstellungen und Publikationen der Öffentlichkeit bekannt.

Hans Arp, 1886 geboren in Straßburg als Sohn einer Französin und eines Deutschen, und Sophie Taeuber, 1889 in Davos-Platz zur Welt gekommen, genießen nach der Schule zunächst beide eine fundierte künstlerische Ausbildung. Unabhängig voneinander übt das Neue in der Kunst eine starke Anziehungskraft auf sie aus. Als sie sich 1915 in Zürich kennenlernen, ist es also ein Treffen Gleichgesinnter. Sophie Taeuber, abgeschreckt vom üblichen, überladenen Kunstgewerbe, sucht den Weg vom »Blumenkranz zum Quadrat«, und Hans Arp polemisiert gegen »illusionistische Malerei«, wendet sich vielmehr Arbeiten zu »aus Linien, Flächen, Formen, Farben. Sie suchen sich dem Unsagbaren über dem Menschen, dem Ewigen zu nähern«. Das schreibt er 1915. Ein Jahr darauf gehört er zu den Gründern der Dada-Bewegung, die konventioneller Kunst mit Ironie und Anarchismus zu Leibe rückt, während Sophie Taeuber im Mai 1916 die Leitung der Textilklasse an der Kunstgewerbeschule in Zürich übernimmt. Diese Lehrtätigkeit, von ihr als notwendiges Übel zum Gelderwerb akzeptiert, führt sie, später trotz belastender Pendelfahrten, bis 1929 weiter und sichert so den Lebensunterhalt. Im Züricher Cabaret Voltaire rebellieren derweil die dadaistischen Künstler mit absurden Masken, Tanz und Nonsens-Gedichten gegen die biedere Gesellschaft. Mitten unter den Aktivisten der exzentrischen Soireen ist auch Sophie Taeuber, die mit ihrem Ausdruckstanz begeistert. 1918 übernimmt sie die Ausstattung eines Theaterstücks von Carlo Gozzi, entwirft Stoffe, Kostüme und Marionetten. Gemeinsam schaffen sie und Hans eine Serie von Duo-Collagen.

Ein Haus der Kunst

Am 22. Oktober 1922 heiraten Hans und Sophie Arp im Tessin. 1925 ziehen sie nach Paris und bekommen zugleich den Auftrag für die Umgestaltung des Straßburger Stadtpalais Aubette zu einem Vergnügungszentrum – eine sehr umfangreiche Arbeit, für die sie erstmals ein beträchtliches Honorar erhalten. So entschließen sie sich, ein Haus zu bauen. Sophie entwirft die Architektur sowie die Innenausstattung, und 1929 kann das Ehepaar Arp sein Atelierhaus in Meudon-Clamart im Süden von Paris beziehen. Sophie Taeuber hat ihr Atelier im dritten, Hans Arp – inzwischen eine der zentralen Figuren der Pariser Surrealisten – im zweiten Stock. Im Garten werden bald auch Arps Rundplastiken stehen, die ihn später weltberühmt machen und die finanziell prekären Verhältnisse beenden. Doch das wird Sophie Taeuber schon nicht mehr erleben. Noch hat Hans Arp nur selten die Mittel, um seine Gipsentwürfe in Bronze gießen zu lassen. Nunmehr ohne Sophies Lehrerinneneinkünfte, ist Geld selbst für das tägliche Leben häufig knapp. Keine einfache Situation für Sophie, die als Gastgeberin die gern nach Meudon angereisten Künstlerfreunde bewirten muss – so manches Mal fragt sie sich, ob sie nun Köchin oder Künstlerin sei. Doch auch Letztere ist sie weiterhin mit Passion. Sie ist eine gefragte Innenarchitektin, tritt in Kontakt mit polnischen Konstruktivisten, verantwortet Layout und Redaktion der von ihr gegründeten internationalen Kunstzeitschrift »Plastique«, für die Arp auch literarische Beiträge verfasst. Sophie Taeuber illustriert Arps Gedichtzyklus »muscheln und schirme«, und gemeinsam arbeiten sie an zwei Plastiken aus gedrechseltem und gesägtem Holz mit den Titeln »Ehe-Plastik« und »Wegweiser« sowie an einer Serie von Zeichnungen unter dem Namen »Duo-dessin«.

Letzte Jahre

Durch ihre verstärkte Präsenz auf internationalen Ausstellungen finden die Arps Mäzene, die ihnen auch Hilfe anbieten, als sie 1940 vor der deutschen Besatzung aus Paris fliehen müssen. Im südfranzösischen Grasse können sie nach mehreren Stationen ein Haus beziehen, in dem sie sich trotz der allgemeinen Versorgungsprobleme wohl fühlen – »das leben ist für uns besonders schwer da wir keine guten verwandten mit schönen farmen haben ... wir fangen an zu hungern«, so hatte Arp in einem Bittbrief an Freunde geschrieben. Sophie liebt die südfranzösische Landschaft und das Haus, seine Großzügigkeit und Helligkeit, die Aussicht und das Licht, alles sei so schön, dass sogar Hans sich gut an das Leben auf dem Land gewöhnt habe.

1942 müssen sie den Ort jedoch verlassen, und als ihr Plan nach Amerika auszuwandern scheitert, gehen sie schließlich in die Schweiz zurück. Am 12. Januar 1943 sind sie zu Besuch bei Max Bill. Es wird spät, und man beschließt, dort zu übernachten. Hans Arp legt sich im warmen Wohnzimmer schlafen, Sophie geht ins kalte Gästezimmer, wo sie offenbar versucht, den Ofen anzuheizen ...

Leben ohne Sophie

Der Tod Sophie Taeubers bedeutet eine Zäsur in Arps Leben. Freunde berichten von Vorwürfen, die er sich macht. Weshalb? Darüber rätseln die Biografen. Nimmt er sich übel, dass nicht er ins Gästezimmer gegangen ist – oder wird ihm bewusst, wie sehr Sophie Taeuber ihr Leben dem seinen untergeordnet hat? Nach dem Krieg kehrt Arp zurück nach Meudon, doch, »das leben hier gefällt mir gar nicht mehr. es herrscht eine grauenhafte dämmerstimmung.« Er leidet ohne Sophie, und er erträgt das Alleinsein nicht. Er bittet Marguerite Hagenbach, eine langjährige enge Freundin von Arp und Sophie, zu sich nach Meudon. Und Marguerite kommt, »um ihm als Kameradin und Sekretärin zur Seite zu stehen, denn er braucht eine Frau, die für ihn sorgt, damit er frei schaffen kann«, teilt sie in einem Brief mit. 1959 schließlich heiraten Hans Arp und Marguerite und ziehen nach Locarno in die Villa Ronco die Fiori. Dort stirbt Hans Arp am 7. Juni 1966. Im folgenden Jahr lässt Marguerite Arp Sophies Leiche von Zürich nach Locarno überführen und in der Grabstätte ihres Mannes Hans Arp beisetzen.

Sophie Taeuber an ihrem Werktisch

Alma Reville
Alfred Hitchcock

1926–1982 & 1899–1980

*Der Film ist noch jung, als Alma Reville und Alfred Hitchcock sich
1924 in einem Londoner Studio kennenlernen. Zwei Jahre
später heiraten sie, und von da an sind Leben und Film für sie ein und
dasselbe. Auch als Hitchcock seine großen Erfolge als Regisseur in
Hollywood feiert und Alma ein wenig in seinem Schatten verschwindet.
Alma bleibt Hitchcocks wichtigste Mitarbeiterin und Beraterin,
steht an seiner Seite bis zum Ende.*

Wenn Patricia Hitchcock, Tochter des legendären Filmregisseurs,
über ihre Eltern sprach, zitierte sie gern eine Legende: Gott sitzt
auf einem Berggipfel und halbiert tausende Orangen, deren Hälften
er hinunter ins Tal rollen lässt. Manchmal stoßen die Teile derselben
Orange aufeinander und werden wieder zu einer. Festgefügt und untrennbar.

Diese geeinte Orange war für Patricia die treffende Metapher für die Zusammengehörigkeit ihrer Eltern. Eine Liebe, die ein halbes Jahrhundert überdauerte. Alfred Hitchcock und Alma Reville – ein Paar, für welches das alltägliche Leben und die Arbeit für den Film eine unauflösbare Einheit bildeten. Auch wenn der Name von Alma Reville seltener im Vorspann erschien, war sie doch an jedem der Hitchcock-Filme beteiligt. Viele Jahre als Mitarbeiterin im Team und später als unentbehrliche Ratgeberin. Anders als Hitchcock, der dem öffentlichen Auftritt und der Präsenz in den Medien sehr zugeneigt war, blieb sie, ihrem Mann immer zur Seite stehend, lieber im Hintergrund. Eine eigene Karriere hat sie nie angestrebt. »Hitchcock blühte auf, wenn er Anerkennung und Lob erhielt, Alma errötete«, schreibt Charlotte Chandler in ihrer Hitchcock-Biografie.

Begegnung zweier Cineasten

Dabei kam Alma Reville mit der Filmproduktion früher in Berührung als der junge Alfred. Geboren wurde sie am 14. August 1899 in Nottingham, später zog die Familie nach London. Nicht weit von der dortigen Wohnung entfernt befand sich ein Filmstudio. Almas Vater heuerte in der Kostümabteilung an, wo ihn Alma regelmäßig besuchte. Sie mochte es, den Filmleuten zuzuschauen, und verspürte bald den Wunsch, selbst mitzuarbeiten. Mit sechzehn begann sie als »Teemädchen« und machte sich schließlich überall nützlich. Sie war fasziniert vom Film und wollte alles über das Handwerk lernen. Ihr Engagement und Interesse für das noch ganz junge Medium blieben nicht unbemerkt, und so übertrug man ihr sehr bald anspruchsvollere Aufgaben. Sie erhielt eine Ausbildung zur Cutterin, assistierte im Sekretariat und dem Regisseur. Auch als Schauspielerin stand sie vor der Kamera. Anfang der Zwanzigerjahre bot man ihr den Job als Skriptgirl an. Ein damals sehr verantwortungsvoller Posten, denn das Skriptgirl musste den Zusammenhang des gesamten Films im Auge behalten. Alma nahm an und arbeitete zusätzlich noch als Cutterin. So war sie wesentlich an der Herstellung beim Film beteiligt und kannte sich bald hervorragend aus in dem Metier.

Zur selben Zeit reichte Alfred Hitchcock seine zeichnerischen Entwürfe für die Zwischentitel ein, die in Stummfilmen den Dialog ersetzten. Wie Alma Reville war Alfred Hitchcock Anfang zwanzig – einen Tag älter als sie. Er wurde am 13. August 1899 in einem Londoner Vorort geboren, an einem Sonntag. Es war der einzige Sonntag, an dem seine Mutter nicht in die Kirche ging, wie er später sagte. Hitchcocks Vater, ein Obst- und Gemüsehändler, legte Wert auf eine streng katholische Erziehung und schickte seinen Sohn auf eine Jesuitenschule. Schon als Kind war Alfred Hitchcock klein und dick, was ihn unter Gleichaltrigen in eine Außenseiterrolle drängte. Er interessierte sich auch nicht für die Spiele der anderen und hielt nichts von sportlicher Betätigung, sondern führte »ein aktives Innenleben«, wie er es selbst formulierte. Er war intelligent und vielseitig begabt, las viel, liebte das Theater und das Kino. Mit vierzehn ging er auf eine Ingenieursschule, machte den Abschluss als technischer Zeichner und arbeitete anschließend in einer Firma, die Elektrokabel herstellte. Aufgrund seines herausragenden künstlerischen Talents übertrug man ihm schließlich die Gestaltung von Werbeanzeigen.

»In all den Jahren, die wir zusammen sind, hat mich mein Mann nie gelangweilt. Es gibt nicht viele Frauen, die das sagen können.«

Alma Reville an Charlotte Chandler, aus Charlotte Chandler: »Hitchcock. Die persönliche Biographie«, München 2005, Seite 29

Bei seiner Bewerbung in den Studios war er zwar ein absoluter Neuling in der Branche, überzeugte aber durch seine Begeisterung. Nach einer kurzen Etappe als freier Zuarbeiter erhielt er eine Festanstellung und übernahm bald weitere Aufgaben: als Ausstatter, Dramaturg, Drehbuchautor und Regieassistent. Schon 1924 war Alfred Hitchcock so weit, seinen ersten Film drehen zu können: »Woman to Woman«.

Im Studio war ihm Alma Reville schon längst aufgefallen, das zierliche, nur ein Meter fünfzig große Mädchen mit dem rotblonden Haar und den braunen Augen. Die Männer schauten nach ihr, der selbstbewussten Alma, die sich mit so viel Enthusiasmus ihrer Arbeit widmete, Optimismus versprühte und schöne Kleider trug. Von Ferne hatte er sie bewundert, aber er war schüchtern, fühlte sich nicht sonderlich

begehrenswert, und so wagte er es lange nicht, ihr näherzukommen. Nun, da er nicht mehr nur der Ausputzer war, schien für ihn der Zeitpunkt gekommen, Miss Reville anzusprechen. Er bot ihr an, bei dem Melodram »Woman to Woman« als Cutterin mitzuarbeiten. Es war der erste gemeinsam Film von Alma Reville und Alfred Hitchcock, dem im Laufe der nächsten Jahrzehnte über fünfzig folgen sollten.

Die Familie Hitchcock an Bord des Dampfers Queen Mary auf dem Weg nach Amerika.

Leben für den britischen Film

Noch im selben Jahr schickte man Hitchcock für eine englisch-deutsche Produktion, »The Pleasure Garden« (»Irrgarten der Leidenschaft«), nach Berlin. Alma begleitete ihn als Assistentin. In den Ufa-Studios in Babelsberg konnten sie zugleich die Dreharbeiten des Regisseurs F. W. Murnaus zu »Der letzte Mann« beobachten. Kameraführung, Licht- und Erzähltechnik des expressionistischen Films hatten dann auch auf Hitchocks und Almas künftige Arbeit großen Einfluss, ebenso die Schnitt- und Montagetechnik der sowjetischen Filmregisseure Sergeij Eisenstein und Wsewolod Pudowkin, die sie ebenfalls in diesen Jahren kennenlernten. Das wohl beeindruckendste Beispiel dafür ist die Duschszene in »Psycho« aus dem Jahr 1960. Wie die meisten unter dem Namen Hitchcock berühmt gewordenen Filme war auch »Psycho« Teamarbeit. Der Filmkritiker Charles Champlin brachte es einmal auf den Punkt, als er schrieb, »Der Hitchcock-Touch verdankte sich vier Händen, und zwei davon gehörten Alma.« Auf die Frage, warum sie denn nie selbst Regie führte, antwortete sie: »Ich könnte nie die Autorität darstellen, die ein Regisseur verkörpern muss. Ein Regisseur muss die Rolle eines Regisseurs spielen können.«

Alma Reville und Alfred Hitchcock hatten das Glück, dass ihre Vorstellungen in vielerlei Hinsichten übereinstimmten, und das nicht nur im Cineastischen. Sie liebten dieselben Bücher, Schauspiele, Bilder, mochten beide gleichermaßen ein wenig Luxus, schöne Kleider, gutes Essen, und sie hatten den gleichen Humor.

An Bord des Schiffes auf der Rückreise von Deutschland nach England fasste Hitchcock allen Mut zusammen und machte der seekranken und deshalb kaum ansprechbaren Alma einen Heiratsantrag. Sie war zwar nicht fähig zu antworten – aber schien einverstanden. Am 2. Dezember 1926 heirateten sie, zuvor hatte Alma ihrem Mann zuliebe den katholischen Glauben angenommen. Die Flitterwochen verbrachten Mr. und Mrs. Hitchock zuerst in Paris und anschließend im Palace Hotel in St. Moritz. Es wurde ihr liebster Ferienort, und wann immer sie konnten, feierten sie dort ihren Hochzeitstag. Am 7. Juli 1928 wurde in London ihre Tochter Patricia geboren. Auch sie würde früh in das Filmemachen hineinwachsen.

Inzwischen hatte Hitchcock mehrere erfolgreiche Filme gedreht, darunter 1927 »The Lodger« (»Der Mieter«), nach eigener Aussage der erste Film in dem für ihn so charakteristischen Stil – und auch der erste, in dem Hitchcock in einer kurzen Sequenz selbst auf der Leinwand zu sehen war. Diesen sogenannten Cameo-Auftritt wird er in all seinen Filmen beibehalten. Er war nun der bestbezahlte Filmregisseur in England und konnte sich und Alma einen großzügigen Lebensstil ermöglichen. Beide genossen das. Das Eindringen der jungen Eheleute in eine ihnen bis dahin verschlossene Welt des Luxus mit ganz neuen Formen des Amüsements widerspiegelt auf sehr unterhaltsame Weise die 1931 fertiggestellte Filmkomödie »Endlich sind wir reich«, zu dem sie auch gemeinsam das Drehbuch schrieben. Anfang der Dreißigerjahre bezog die Familie eine großzügige Wohnung in Kensington und erwarb ein großes Cottage in dem kleinen Ort Shamley Green. Alma und Alfred liebten diesen Ort, den sie bei Filmaufnahmen entdeckt hatten. Als Hitchcock 1955 seine eigene Produktionsgesellschaft für die TV-Reihe »Alfred Hitchcock präsentiert« gründete, nannte er die Firma Shamley

Hitchcock posiert in Ganovenmanier für einen Schnappschuss.

Productions. Die in den Dreißigerjahren entstandenen Filme, darunter »39 Stufen«, der gern als Blaupause der späteren Verfolgungsthriller bezeichnet wird, machten schließlich Hollywood auf Hitchcock aufmerksam. 1939 unterschrieb er einen Vertrag mit David O. Selznick, und die Familie verließ England. Wie Hitchcock erzählte, war Alma davon anfangs nicht begeistert, gewöhnte sich aber sehr bald ein. Sie liebte das Klima Kaliforniens. Ihre Tochter Pat, einmal danach gefragt, ob es für sie nicht schwer war, ihre englische Umgebung und die Freundinnen zu verlassen, antwortete: »Nein. Ich habe nicht darüber nachgedacht ..., und wir standen uns sehr nahe. Wir konnten alles überstehen.«

In Hollywood

Film und Familie – eine untrennbare Einheit – bestimmten in Hollywood weiterhin das Leben der Hitchcocks. Alma arbeitete als Drehbuchschreiberin – mitunter auch für andere Regisseure – und als kritische Beobachterin am Set, wie Joan Fontaine, Hauptdarstellerin in »Rebecca« (1940), es wahrnahm: »Alma war so zierlich, dass man sie bei flüchtigem Hinschauen glatt übersehen konnte. ... Ich habe nie mitbekommen, dass sie auf dem Set etwas zu Hitch gesagt hätte, aber ich wette, sie hat alles aufgespart, bis sie alleine zu Hause waren. Gespräche unter vier Augen. Klartext. Sie schienen sich sehr nahezustehen.« Mit einundzwanzig stieg auch Tochter Pat ins Hitchcock-Geschäft ein. In »Stage Fright« (»Die rote Lola«), dem 1949 gedrehten Film mit Marlene Dietrich, gab sie ihr Debüt als Filmschauspielerin. Als Pat 1952 Joseph E. O'Connell jr. heiratete und 1953 ihr erstes Kind bekam, zog sich Alma vom Set zurück, um mehr für ihre – drei wurden es – Enkelkinder da zu sein. Das bedeutete aber keineswegs Rückzug vom Film. Wann immer es Wichtiges während des Drehs zu entscheiden gab, pflegte Hitchcock mit den Worten »Ich bespreche das mit Madame« bis zum Abend damit zu warten. Alma, der auch Hitchs Vorliebe für kühl erscheinende Blondinen nicht fremd war, wählte mit ihm zusammen die Hauptdarstellerinnen aus. Einige von ihnen machte Hitchcock zum Star, darunter Grace Kelly und Kim Novak. Dass er während der Dreharbeiten ein enges Verhältnis zu ihnen entwickelte, ja besitzergreifend wurde, konnte oder musste Alma akzeptieren, denn sie und Pat gehörten zu

Hitchcock – das war unbestritten. Als Tippi Hedren, Star in »The Birds« (»Die Vögel«) und »Marnie«, durch Hitchcocks von ihr zitierten Regieterror unter Druck geriet, bekundete Alma ihr Mitleid; als Tippi Hedren jedoch um Hilfe wegen psychologischer und sexueller Belästigungen bat, soll Alma sie wortlos stehen gelassen haben.

»Wir konnten alles überstehen«, wie Patricia sagte. Von ihr erschien übrigens 2003 ein Buch über ihre Mutter, »The Woman Behind the Man«.

Nach dem Umzug in die USA hatten sich die Hitchcocks zunächst ein Haus gemietet, kauften dann 1942 eines in der Bellagio Road in Bel Air, wo sie bis zu ihrem Tod lebten. »Was ich will, ist ein Zuhause, keine Filmbühne mit Heizung. Alles, was ich brauche, ist ein gemütliches kleines Haus mit gut ausgestatteter Küche, zur Hölle mit dem Swimmingpool«, so Alfred Hitchcock.

Gutes Essen nahm für die Hitchcocks einen ebensolchen Stellenwert ein wie ausgesuchte, stilvolle Kleidung – very British. Auch bei größter Hitze erschien Hitchcock am Set immer perfekt in Anzug und Krawatte, und er mochte es, die Garderobe für Frau und Tochter auszusuchen.

Aus Europa war eine deutsche Köchin mitgekommen, die jedoch bald kündigte. Alma kaufte sich Kochbücher – sie bevorzugten die französische Küche –, lernte kochen und entwickelte bald meisterliche Fähigkeiten. Es dauerte Jahre, bis die Küche und der Weinkeller den Vorstellungen von Alma und Hitch entsprachen, und gerne führten sie beides ihren Gästen vor. Die Hitchcocks liebten es, Freunde zu bewirten, und die Freunde liebten es, die Kochkünste der Gastgeberin zu genießen. Wöchentlich ließen sie Fisch und Fleisch aus England einfliegen, nur am Set begnügte sich Hitchcock mit Steak, Kartoffeln und Salat. Die Gaumenfreuden kollidierten allerdings immer wieder mit Hitchs vergeblichen Versuchen, abzunehmen. Es war ein besonderer Liebesbeweis, wie er fand, dass Alma immer mitmachte, um es ihm zu erleichtern. Das durfte aber nicht zu lange dauern, »sonst verschwindet Madame völlig«, so sein Kommentar.

Hommage an das Glück des Zusammenseins

Einen Tag ohne Alma, einen öffentlichen Auftritt ohne seine – im Wortsinn – bessere Hälfte an der Seite? Für Hitch undenkbar. 1959 bei der Premiere zu »Vertigo« musste er erstmals auf ihr Beisein verzichten, bangte er um das Leben seiner Frau, die gegen den Brustkrebs kämpfte. Sie besiegte ihn. Doch in den Siebzigerjahren kam die Krankheit zurück, außerdem erlitt sie 1972 während der Dreharbeiten zu »Frenzy« einen Schlaganfall. Und auch mit Hitchs Gesundheit stand es nicht zum Besten. Er drehte trotzdem weiter Filme – bis er am 8. Mai 1979 sein Büro in den Universal Studios schloss.

Es war das Ende der Hitchcock-Ära – und, wie so oft, die Zeit der Ehrungen. Am 31. Dezember erhob ihn Königin Elizabeth in den Adelsstand, den Ritterschlag erhielt er in Los Angeles, da er nicht mehr reisen konnte. Alma war glücklich, wusste sie doch, wie viel das Hitch bedeutete – sie selbst fühlte sich allerdings nicht als Royalistin. Sie erhielt am 7. März eine ganz andere Ehrung durch ihren Hitch. Auf der Alfred Hitchcock zu Ehren veranstalteten Gala des American Film Institute hielt er eine Hommage auf sie:

»Ich konnte feststellen, der Mensch lebt nicht von Mord allein. Er braucht Zuneigung, Anerkennung, Zuspruch und von Zeit zu Zeit eine herzhafte Mahlzeit. Ich nenne namentlich hier nur vier Personen, die mir die meiste Zuneigung schenkten und dauerhaft mit mir zusammenarbeiteten. Die erste der vier Personen ist eine Filmeditorin, die zweite eine Drehbuchautorin, die dritte ist die Mutter meiner Tochter Pat und die vierte ist eine ausgezeichnete Köchin, die seit jeher in der häuslichen Küche Wunder vollbringt. Und ihr Name ist Alma Reville.«

Geschwächt von ihren Krankheiten, lebte Alma inzwischen sehr zurückgezogen. Als sie nicht mehr kochen konnte, kochte Hitch für sie – bis auch er dazu nicht mehr in der Lage war und sie das Essen aus ihrem Stammrestaurant geliefert bekamen.

Am 29. April 1980 starb Alfred Hitchcock. Seine Asche wurde in den Pazifik verstreut, so wie auch die seiner ihm zwei Jahre später folgenden Frau. Am 6. Juli 1982 starb »Alma Reville Hitchcock – The Unsung Partner«, wie die »Los Angeles Times« titelte.

Friederike Mayröcker
Ernst Jandl

*1924 & 1925–2000

»Der Verlust eines so nahen Menschen,
eines HAND- und HERZGEFÄHRTEN ist etwas ganz
und gar Erschütterndes, aber vielleicht ist es so,
daß man weiter mit diesem HERZ- und
LIEBESGEFÄHRTEN sprechen kann, nämlich weiter
Gespräche führen kann und vermutlich Antworten
erwarten darf. Einer einstmals so stürmischen
Aura, nicht wahr. Jetzt gestammelt gehimmelt
und weltweit.«

Aus Friederike Mayröckers »Requiem für Ernst Jandl«

Christa und Gerhard Wolf

1929–2011 & *1928

Christa Ihlenfeld spürt schon bei ihrer ersten Begegnung mit Gerhard Wolf 1949 an der Universität Jena den Funken überspringen. Gerhard Wolf geht es bald ähnlich. Von da an sind sie verbunden durch eine von gegenseitiger Achtung begleiteten tiefen Liebe, die sie in ihrer 60-jährigen Ehe nie verlassen wird. Sie ist die Basis für das Entstehen des bedeutenden schriftstellerischen Werks von Christa Wolf.

W as für ein wunderbares Paar, stets voller Zärtlichkeit und Aufmerksamkeit füreinander. Es scheint, als ob immer ein Lächeln über den beiden schwebt, ein Lächeln mit einer kleinen, feinen Ironie gepaart, die das Liebevolle nur verstärkt. Eine so gewichtige Autorin, und so viel gelebte Liebe. Das ist ein Glücksfall, nicht nur für Christa Wolf, auch für die deutsche Literatur.«

Zum 80. Geburtstag von Christa Wolf schreibt Christoph Hein diese Zeilen. Ein Hymnus auf die Liebe des Paares, das drei Jahre später seinen 60. Hochzeitstag feiern wird – und auf die Bedeutung des Schriftstellerpaares für die Literatur. Literatur verbindet die beiden seit diesem ersten Zusammentreffen an der Friedrich-Schiller-Universität Jena im Jahr 1949, dem Gründungsjahr der DDR. Beide sind Mitglieder der SED und davon überzeugt, dass nach dem Zusammenbruch Hitlerdeutschlands der Sozialismus der Menschheit eine friedliche, gerechte Zukunft ermöglichen wird. Dazu wollen sie ihren Beitrag leisten. Und so wird die politisch-gesellschaftliche Entwicklung im Osten Deutschlands dann auch untrennbar mit ihrem Leben und Wirken verbunden sein. Gerhard Wolf ist der erste Lektor jedes Textes und jedes Romans von Christa Wolf, auch als sie längst eine international anerkannte Schriftstellerin ist. Erst wenn ihr Mann einverstanden ist mit dem Manuskript, ist sie sicher genug, es für die Veröffentlichung freizugeben. Gerhard Wolf bleibt zeitlebens die Stütze seiner Frau, fängt sie auf, wenn sie später an der Kritik dogmatischer Kulturfunktionäre seelisch und körperlich zu zerbrechen droht oder krank wird über die Unmenschlichkeit eines verkrusteten Systems.

Erste Jahre

Auf der Treppe zur Mensa der Jenenser Universität schwärmt eine Freundin Christa Ihlenfeld von Gerhard Wolf vor, der ihnen gerade in diesem Moment entgegenkommt. Der sei klug, der wisse was, der kenne viele Gedichte! Als er ihr vorgestellt wird, »da funkte was ...« Dabei, erinnert sich Christa später, sah er »ja verboten aus. ... Er hatte aus gefärbten Uniformstücken zusammengesetzte Sachen an ... Wir liefen damals alle so herum. Ich trug einen weißen Mantel, der war aus einer Krankenhausdecke geschneidert worden. Ich musste den Schriftzug ›Beobachtungskrankenhaus Lankow‹ abschneiden, dadurch war er zu kurz geraten.« Vier Jahre nach dem Krieg mangelt es in der damals noch sowjetischen Besatzungszone an allem: Nahrungsmittel, Kohlen, Textilien, Schuhe gab es nur auf Zuteilung.

Christa Ihlenfeld, geboren 1929, und Gerhard Wolf, anderthalb Jahre jünger, gehören zu der Generation von Studienanfängern, die kriegsbedingt ihr Abitur erst verspätet haben ablegen können. Gerhard Wolf war 1944/45 als Flakhelfer eingesetzt und in amerikanische Kriegs-

Christa und Gerhard Wolf
während einer Signierstunde
in Berlin, 1980er Jahre

gefangenschaft geraten. Die Familie Ihlenfeld musste 1945 aus Landsberg an der Warthe (heute in Polen) vor der Roten Armee fliehen; sie fand zunächst Aufnahme in Mecklenburg und später dann in Frankenhausen, wo Christa die Schule abschloss. Die Erlebnisse dieser Zeit, der Schock des Heimatverlustes und das Elend der Menschen auf der Flucht werden in späteren Jahren in Christas Romanen spürbar sein. Nicht lange nach der ersten Begegnung mit Gerhard bezieht Christa Ihlenfeld ein Zimmer im Haus seiner Wirtin. Es ist der Beginn ihrer Gemeinsamkeit, in der es offenbar in jeder Hinsicht leidenschaftlich zugeht: Sie streiten viel, »über alles, alles, alles, das Leben, die Liebe, die Politik, die Partei, darüber was wir gelesen hatten. Ich musste mich immer gegen ihn behaupten«, erzählt Christa Wolf 2008 ihrer Enkelin Jana Simon. Ist Gerd auch der Richtige?, hat sie sich damals gefragt, denn eine Liebe muss für sie für immer sein. Ihre Entscheidung fällt sie dann aber doch schnell, denn sie ist schwanger. Im Juli 1951 ist Hochzeit, und im Januar 1952 kommt Tochter Annette zur Welt. Zu diesem Zeitpunkt wohnt das Ehepaar schon in Leipzig, wo Gerhard Wolf als Rundfunkredakteur den Familienunterhalt verdient. Christa Wolf studiert weiter, und er wird, wenn sie dann das Geld verdient, sein Studium zu Ende bringen. Darüber sind sie sich einig: Auch in der Ehe soll sich jeder entsprechend seinen individuellen Möglichkeiten entwickeln können – jenseits herkömmlicher Geschlechterrollen.

Schwere Zeiten

Nach dem Abschluss des Germanistikstudiums bei Professor Hans Mayer in Leipzig folgt Christa Wolf 1953 ihrem Mann nach Berlin, der dort inzwischen bei der Literaturabteilung des Deutschlandsenders beschäftigt ist und gleichzeitig an der Humboldt-Universität sein Germanistikstudium fortsetzt. Christa Wolf geht als wissenschaftliche Mitarbeiterin zum Deutschen Schriftstellerverband. Sowohl Christa als auch Gerhard kommen in engen Kontakt zu den wichtigsten Schriftstellern der DDR – von denen manche im Laufe der Zeit zu Freunden werden – und sind eingebunden in die Kulturpolitik der DDR. Der offizielle Kulturbereich wird in den Fünfzigerjahren von einem ideologischen Denken beherrscht, das als einzige Kunstform nur den sozialistischen Realismus gelten lässt. Für die Wolfs entwickelt sich das bald zum Dilemma, denn sie hegen zunehmend Zweifel an einer ausschließlich ideologisch begründeten Bewertung der Literatur. Hinzu kommen die außerordentlichen Belastungen des Alltags, denn die Partei erwartet von ihren Genossen einen vollen Einsatz, dem sich das Familienleben unterzuordnen hat. Eine kurze leidenschaftliche Beziehung Christa Wolfs zu einem ungarischen Schriftsteller auf einer Reise nach Budapest macht dem Paar bewusst, dass die permanente Überforderung zu einer inneren Entfernung voneinander geführt hat. Fortan wollen sie sich wieder mehr Raum geben. Nach der Geburt ihrer zweiten Tochter, Katrin, genannt Tinka, im September 1957 legt Gerhard Wolf alle Parteifunktionen nieder und verlässt den Rundfunk, um als freiberuflicher Lektor für den Mitteldeutschen Verlag (MDV) in Halle zu arbeiten. Christa Wolf reduziert ihre feste Arbeitszeit, bis auch sie den Schritt in die Freiberuflichkeit wagt. Gerhard Wolf, schon immer mehr an Lyrik als an Prosa interessiert, macht sich bald als Entdecker junger Lyriker der DDR einen Namen, gibt Lyrik-Anthologien heraus und publiziert eigene Texte. Auch Christa Wolf lektoriert zunächst und beginnt Anfang der Sechzigerjahre mit dem Schreiben. Ende 1962 erscheint der Vorabdruck ihres ersten Romans, »Der geteilte Himmel«.

Das Schriftstellerpaar

In ihrem ersten, gleich erfolgreichen Roman erzählt Christa Wolf die Geschichte einer Liebe, die an der unterschiedlichen Haltung der Protagonisten zur DDR und an der deutschen Teilung scheitert. Dabei eröffnet die Autorin einen ungeschönten Blick auf die sozialistische Arbeitswelt mit ihren Auseinandersetzungen um Arbeitsnormen und

Prämienschinderei, offenbart Heuchelei, Dogmatismus und Misstrau-
en in der Partei. Material dafür sammelt sie im Waggonbau Ammendorf
bei Halle, wo die Familie Wolf 1959–1962 zu Hause ist. Christa betreut
dort im Rahmen des Bitterfelder Weges – ein von der SED ausgerufenes
kulturpolitisches Programm, durch das die »Trennung von Künstler
und Volk« aufgehoben werden sollte – einen »Zirkel schreibender
Arbeiter«.

Die offiziellen Bewertungen ihres Erstlingsromans sind vernichtend, die SED-Parteiführung in Halle unterstellt der Autorin gar Verrat
an der Arbeiterklasse. Für Christa Wolf ist das eine bittere Erfahrung,
denn sie ist überzeugt davon, dass nicht Dogmatismus, sondern Offen-
heit die Basis einer sozialistischen Gesellschaft sein muss. Die Engstir-
nigkeit der Parteifunktionäre, die keineswegs akzeptieren, »dass die
Kunst auch Fragen aufwirft und Fragen aufwerfen muss, die neu sind,
die der Künstler zu sehen glaubt, auch solche, für die er noch nicht
die Lösung sieht«, lässt sie verzweifeln. Es ist eine Enttäuschung, die
sie in den folgenden Jahrzehnten immer wieder erlebt und die sie an
ihre seelischen und körperlichen Grenzen bringt. 1965, als sie nach
einer Rede auf dem 11. SED-Plenum die Freiheit der Kunst verteidigt

Gemeinsam mit ihrem Mann Gerhard im Arbeitszimmer, 2001

und wiederum heftig angegriffen wird, vertraut sie ihrem Tagebuch an: »Vielleicht ist das Tagebuch in nächster Zeit … die einzige Kunstform, in der man noch ehrlich bleiben, in der man die sonst überall nötig oder unvermeidlich werdenden Kompromisse vermeiden kann. Das Plenum hat entschieden: Die Realität wird abgeschafft.« Sie wird krank, verfällt in Depressionen – wie auch später immer wieder, weil es ihr anders als ihrem Mann nicht gelingt, eine innere Distanz zur äußeren Welt aufzubauen. Es ist dann immer Wolf – »der viel mehr gemacht hat, was sonst eine Frau in einer Ehe mit zwei Kindern machen müsste«, so Christa über ihn –, der dafür sorgt, dass sie immer wieder festen Boden unter ihren Füßen bekommt und schreiben kann.

> *»Ich horche, ob ich ihn atmen höre. Ich kann ihn*
> *ja nicht wecken, um ihm zu sagen, wie ich ihn liebe.«*

Tagebucheintrag von Christa Wolf, in: »Ein Tag im Jahr
im neuen Jahrhundert 2001–2011«

Rückzugsräume

In diesen Auseinandersetzungen mit der gesellschaftlichen Entwicklung ist der familiäre Rückzugsraum eine Art Rettungsanker, in dem gegensätzliche Ansichten noch ausgetragen werden können. Das geschieht oft mit Freunden – »ein Netzwerk von Freundschaften, … das sich über das ganze Land erstreckte und uns leben half«. Die Wolfs führen ein gastliches Haus. Sie lieben die Geselligkeit, die Gespräche mit ihren Schriftsteller- und Künstlerfreunden und auch das gute Essen, das Gerhard als Küchenchef der Familie Wolf passioniert zubereitet. In ihrem kleinen Buch »Herr Wolf erwartet Gäste und bereitet für sie ein Essen vor«, illustriert von Horst Hussel, setzt seine Frau dem ein sehr liebenswürdiges Denkmal. Die Leidenschaft aber kommt dann auf anderem Weg. Das Aufbegehren der DDR-Bürger Ende der Achtzigerjahre, die Hoffnung auf einen Neuanfang gibt auch Christa Wolf völlig neue Impulse – durch ihre Rede auf dem Alexanderplatz am 4. November 1989 wird sie zu einer Symbolfigur der friedlichen Revolution.

Später Neuanfang

Nach dem Zusammenbruch der DDR am 9. November 1989 macht auch Gerhard Wolf den Schritt hinaus aus der Privatheit: Euphorisch über die Möglichkeiten, die sich jetzt eröffnen, erfüllt er sich einen langgehegten Wunsch und gründet den Janus press Verlag, in dem er Bücher im Zusammenspiel von Text und Grafik verlegt. Sein Enthusiasmus lässt ihn Kompromisse schließen, sich den Bedingungen des kapitalistischen Büchermarktes anpassen und den Verlag schließlich zum Erfolg führen. Sein enormes Arbeitspensum hindert ihn daran, seine Frau 1992 in die USA zu begleiten, wo sie für ein Dreivierteljahr in Santa Monica ein Stipendium wahrnimmt. Für Christa Wolf, der die Presse wegen einer kurzzeitigen und für niemanden mit Folgen verbundenen Stasimitarbeit Ende der Fünfzigerjahre übel mitspielt, sie von der »Dissidentin« zur »Staatskünstlerin« herabwürdigt, eine willkommene und notwendige Möglichkeit, Distanz zu finden. Es ist die erste Trennung des Paares über so lange Zeit. Sie fühlt sich allein, mehrere tausend Kilometer von ihrem Gerd entfernt. Tägliche Telefonate können seine Nähe und seinen nüchtern liebevollen Zuspruch nicht ersetzen. In dem 2010 erscheinenden Buch »Stadt der Engel« beschreibt sie ihre Einsamkeit.

Ein Jahr nach Erscheinen des Buches feiern Christa und Gerhard Wolf mit der Familie und Freunden ihren 60. Hochzeitstag in Woserin. Nach mehreren Hüftoperationen geht Christa Wolf an Krücken und hofft, bald schmerzfrei sein zu können. Vergebens. Am 1. Dezember 2011 stirbt sie, umgeben von ihrer Familie. In seiner Rede auf der Trauerfeier in der Akademie der Künste liest Gerhard Wolf aus »Stadt der Engel« die Beschreibung eines Telefonats: »Ist was passiert, rief eine aufgeregte Stimme [Gerhards]. - Nein, nichts. Das ist es ja. - Sag mal, bist du beschwipst? - Das auch. Aber vor allem will ich dich was fragen. - Frag. - Ist dir eigentlich klar, daß der ganze Inhalt deines Kopfes mit verlorengeht, wenn du stirbst? - Freilich. Außer dem, was du aufgeschrieben hast. - Ach. Dieser Bruchteil. Es scheint dich nicht zu stören. - Ich denke nicht andauernd daran. - Ich schon, seit kurzem. Nun schweigst du. Was ich noch sagen wollte: Wir werden älter. - Danke für die Mitteilung. - Gute Nacht.«

Siri Hustvedt
Paul Auster

*1947 & *1955

SIRI HUSTVEDT: 23. Februar 1981. Ich komme mit J. aus der Lesung, und wir bleiben eine Weile in der Lobby des 92nd Street Y, um über die Gedichte zu sprechen, die wir gerade gehört haben. Von da aus, wo ich stehe, fällt mir an der Tür ein schöner Mann auf. Er hat ein schmales Gesicht, riesengroße Augen und einen kleinen sensiblen Mund. Sein Haar ist fast schwarz, seine Haut dunkel. Er raucht ein Zigarillo, und er beugt sich in seiner Lederjacke und in Jeans etwas vor, wenn er es an den Mund führt. Ich bemerke, dass seine Füße eher groß sind, und auch diese großen Füße gefallen mir. Im Handumdrehen habe ich alles an ihm registriert und fühle mich so angezogen, dass mir schummrig wird. Ich erinnere mich nicht mehr, ob J. mich zu dem Mann hinschielen sieht und mir sagt, dass er ihn kennt, oder ob ich ihn frage, ob er weiß, wer das ist. »Das ist Paul Auster, der Dichter«, sagt er. Er stellt mich ihm vor, und dann sitzen wir drei in dem Taxi und fahren nach Downtown. Auf dem Rücksitz erzählt Paul mir von George Oppen, dem Dichter, den er gerade in Kalifornien besucht hat. Ich mag Pauls Stimme, und ich mag die Wärme, die Zärtlichkeit, die ich darin höre, wenn er von »George« spricht. Damals dachte ich das nicht, aber heute frage ich mich, ob ich nicht etwas Vertrautes hörte. Mein Vater sprach so, als er noch lebte. ... Im Taxi bin ich schon verliebt, hingerissen, berückt, verknallt und versuche es zu verbergen. Der Mann neben mir tut es nicht. Ich kann es an seinen verhangenen, nachdenklichen Augen erkennen. Ich lasse nicht von ihm ab. Auf der Party rede ich nur mit ihm. Wir essen. Wir reden. Wir gehen durch die Straßen und reden. Wir sitzen in einer Bar und reden. Die schönen Augen stellen sich allmählich schärfer ein. Er sieht mich an, hört mir zu. Ich merke, dass ich ihm gefalle. Es ist früher Morgen, und wir stehen zusammen auf dem West Broadway. Ich stehe dicht bei ihm, schaue in sein Gesicht, aber nun, nach stundenlangem Reden, habe ich nichts zu sagen. Es ist spät. Der Abend ist vorüber, und ich werde nach Hause gehen und über ihn nachdenken. Dann küsst er mich, und es ist der beste Kuss der Welt. Ein Taxi hält an, wir steigen zusammen ein. Nicht lange danach las ich seine Gedichte, seine Essays und schließlich »Porträt eines unsichtbaren Mannes« ... . Bis dahin waren schon viele Bücher in mir, und doch rüttelten diese mich durch ihre Originalität auf. Ich lernte den Mann kennen, bevor ich las, was er geschrieben hatte, aber wenn mir seine Arbeit nicht gefallen hätte oder wenn er das, was ich schrieb, nicht bewundert hätte, wäre es anders gekommen. Unser Werk ist seit dreiundzwanzig Jahren ein wesentlicher Teil unserer Liebesbeziehung und Ehe, aber was ich lese, war weder damals, noch ist es heute das, was ich weiß, wenn ich mit ihm zusammen bin. Sein Werk kommt von dem Ort in ihm, den ich nicht kenne.

PAUL AUSTER: ... am 23. Februar 1981 ... bist du ihr begegnet, wurdest du der Einen vorgestellt, der Frau, die seit jenem Abend vor dreißig Jahren an deiner Seite ist, deine Frau, die große Liebe, die dich aus dem Hinterhalt überfiel, als du am wenigsten damit gerechnet hattest, und in den ersten Wochen, die ihr zum großen Teil im Bett verbrachtet, habt ihr ein Ritual entwickelt, euch gegenseitig Märchen vorzulesen, und sechs Jahre lang daran festgehalten, bis dann eure Tochter zur Welt kam.

Siri Hustvedt und Paul Auster leben seither als Paar in New York.

Paul und Linda McCartney

*1942 & 1941–1998

Als Linda Eastman, New Yorker Anwaltstochter, und der aus einer gutbürgerlichen Liverpooler Familie stammende Paul McCartney sich 1967 treffen, haben beide bewegte Jahre hinter sich: Linda als alleinerziehende Promi-Fotografin und Paul als Teil der legendären Beatles. Beider Leben ändert sich schlagartig mit ihrer Heirat im März 1969. Ihre Liebe zueinander verträgt kaum mehr eine Trennung. Gemeinsam genießen sie das Leben auf dem Land, ziehen ihre Kinder groß und machen Musik.

Glaubt man den Freunden Linda Eastmans, hat die blonde Fotografin aus Arizona Paul McCartney schon »seit Ewigkeiten« im Auge, und zwar noch bevor sie ihn überhaupt kennenlernt. »Ich werde mit dem tollsten Kerl auf der Welt zusammen sein«, erklärt sie dem Musiker Marty Balin, einem Freund McCartneys, den sie abblitzen lässt. Bei dem Empfang, den der Beatles-Manager Brian Epstein anlässlich des gerade erschienenen Albums »Sgt. Pepper« im Jahr 1967 in seinem neuen Londoner Haus gibt, ergreift sie dann die Gelegenheit. Sorgfältig gestylt in einem schwarz-weiß gestreiften Blazer – normalerweise zieht sie lässige, praktische Kleidung vor –, geht sie zielgerichtet auf Paul zu, lässt sich vor ihm am Kamin nieder und blickt ihn an. Sie reden miteinander – und das war's dann erst einmal. Es braucht noch einige Begegnungen, bis Paul sich von seiner Freundin Jane endgültig trennt und versteht: Linda ist die Richtige. Sie sind füreinander bestimmt. In den folgenden 30 Jahren werden Linda Eastman und Paul McCartney jeden Schritt gemeinsam tun. Es ist eine Liebe, die beider Leben völlig verändert.

Swinging Sixties

Sowohl Paul McCartney als auch Linda Eastman gehören in den Sechzigerjahren zur internationalen Rock- und Popszene, die unter anderem durch hemmungslosen Drogenkonsum und freien Sex Schlagzeilen macht. Linda Eastman, geboren 1941 in New York, wächst in einem wohlhabenden Elternhaus auf, in dem sie schon früh mit der Szene in Berührung kommt: Ihr Vater betreut in seiner Anwaltskanzlei vorwiegend Musiker und Künstler. Ein Studium der Kunst und Geschichte bricht Linda bald wieder ab, sie heiratet den Geophysiker John Melvin See und bringt am 31. Dezember 1962 ihre Tochter auf die Welt. Vom Vater der kleinen Heather lässt sie sich 1965 wieder scheiden und kehrt zurück nach New York. Sie beginnt zu fotografieren und jobbt als Empfangsdame bei der Zeitung »Town and Country«. Durch Zufall gelangt Linda dort an eine Einladung zu einem Presseempfang mit den Rolling Stones, wo Mick Jagger auf sie aufmerksam wird. Ein Glücksfall – dem sie wahrscheinlich offensiv nachgeholfen hat –, denn dieser Abend ist das Eingangstor für sie als Promi-Fotografin. Sie macht nicht nur Bilder von den Größen der Musikszene, darunter Aretha Franklin, Jimi Hendrix, Bob Dylan, Janis Joplin, Eric Clapton, Simon & Garfunkel, The Who, The Doors oder Neil Young, sondern hat auch so manche Affäre. »Edel-Groupie« wird sie von einigen genannt, doch ein Journalistenfreund reagiert darauf mit einer einfachen Erklärung: »Sie war kein Groupie, sie war nur verliebt in die Liebe ... und: Alle hatten ziemlich offene Beziehungen.« In diesem Umfeld trifft Linda nun auf Paul.

Wie die anderen Beatles – John Lennon, George Harrison und Ringo Starr – kommt Paul McCartney aus Liverpool. Schon 1957, er ist gerade

15 Jahre alt, spielt der aus einer gutbürgerlichen Familie stammende Paul mit John Lennon in einer Band. Sie werden enge Freunde, verbunden durch die Freude an der Musik und den Wunsch, berühmt zu werden. Dass The Beatles aber einmal die kommerziell erfolgreichste Band der Musikgeschichte und Lennon/McCartney das erfolgreichste Komponisten-Duo der Popgeschichte werden, ahnt niemand. Schon 1963 sind The Beatles Europas populärste Popband. In diesem Jahr verliebt sich McCartney in die Schauspielerin Jane Asher, über vier Jahre führen sie eine offene Beziehung, was unter anderem bedeutet, dass in McCartneys Haus in der Londoner Cavendish Avenue weiterhin Groupies ein und aus gehen. Das ändert sich schlagartig, als Linda Eastman 1968 mit ihrer Tochter Heather nach London kommt. »Sie war eine Frau, die anderen waren Mädchen«, so McCartney über sie.

Spaß hinter den Kulissen, 1973

»Baby I'm amazed at the way
you love me all the time
Maybe I'm afraid of the way I love you«

Aus Paul McCartneys »Maybe I'm Amazed«
(1970 veröffentlicht auf dem Album »McCartney«)

Bewährungsprobe

Am 12. März 1969 heiraten Paul McCartney und Linda. John Lennon ist nicht dabei, denn es gibt Missstimmungen unter den Beatles. Die Unbeschwertheit der ersten Jahre, der die Musikwelt so viele einzigar-

---

Zusammen mit Hund »Ringo«
auf ihrer Farm nahe Campbeltown in Schottland, 1971

tige Songs verdankt, ist vorbei. Das Zusammenspiel wird immer häufiger von Konkurrenzgefühlen gestört, vor allem zwischen Lennon und McCartney, die sich auch musikalisch voneinander entfernen. Von der Hochzeit seines einst engen Freundes erfährt John während einer Autofahrt aus dem Radio. Nur wenige Monate später bringt Linda McCartney die Tochter Mary zur Welt, benannt nach Pauls früh verstorbener Mutter.

Die Farm High Park auf der schottischen Halbinsel Kintyre ist nun ihr Ort des Rückzugs vor den Turbulenzen in London, den Auseinandersetzungen mit den Bandkollegen und geschäftlichen Problemen. Die ganze Familie liebt das dortige Leben fern von allem Luxus. Sie reiten über die wundervolle schottische Landschaft, halten sich Pferde und Hühner.

Nachdem sich abzeichnet, dass es nach dem im folgenden Jahr erscheinenden Album »Let it be« keine kreative Zusammenarbeit der Beatles mehr geben wird, bleibt Paul in High Park, enttäuscht und deprimiert. »Ich glaube, der ganze Schmerz und die Enttäuschung und der Kummer, diese tolle Band und diese tollen Freunde zu verlieren ... das hat mich in den Wahnsinn getrieben. Ich wollte morgens nicht aus dem Bett, und wenn ich dann irgendwann aufgestanden bin, habe ich mich nicht rasiert und mich um nichts gekümmert. Ich habe mir die Whiskyflasche geschnappt ...«, erzählt er später seiner Tochter Mary. Für Linda ist es eine der schwersten Zeiten in ihrem Leben, denn sie hat sich nicht nur um die Farm und die beiden Kinder zu kümmern, sondern fürchtet um ihren Mann. Kraft ihrer Liebe schafft sie es schließlich, ihn zum Weitermachen zu bringen, vermag ihn davon zu überzeugen, dass es noch ein anderes Leben gibt als das mit den Beatles.

Eine glückliche Ehe im Showbiz

Die Familie kehrt zurück in die Cavendish Avenue, wo Paul ein neues, vierspuriges Aufnahmegerät installiert und sein erstes Soloalbum, »McCartney«, produziert. Der von zahlreichen Künstlern später gecoverte Titel »Maybe I'm Amazed« auf dieser LP handelt von seiner unverbrüchlichen Liebe zu der Frau, die ihn rettete, als er, wie es im Song heißt, das Leben nicht mehr verstand. McCartney singt und spielt alle Instrumente selbst auf dieser LP, lediglich die Backgroundstimme übernimmt Linda. Es ist der Beginn ihrer gemeinsamen musikalischen Zukunft. Schon auf dem nächsten Album »Ram« ist Linda als Co-Komponistin und Co-Interpretin bei sechs der zwölf Songs aufgeführt. Mit der Zeit verfügt sie auch über die notwendige Professionalität; sie singt und spielt Keyboard in der 1971 mit McCartney gegründeten Band Wings. Anspielungen auf Lindas mangelnde Musikalität irritieren Paul keineswegs, später sagt er darüber: »Es ist so: Man hat Millionen von Lovesongs geschrieben – und dann, wenn man wirklich selbst in jemanden verliebt ist, möchte man einen speziellen Lovesong nur für diese eine Person schreiben. Linda in die Band zu holen, ist meine Art, das zu sagen. Mir ist egal, was ihr da hineininterpretieren wollt – ich mach's einfach, ich stelle sie direkt neben mich auf die Bühne.« Gemeinsam mit den Bandmitgliedern und ihren drei Kindern – im September 1971 wird Stella geboren – gehen sie 1972 auf Tour. Dabei verzichtet Paul McCartney nicht nur auf jeden Komfort, sondern auch auf die Promotion der Gruppe mit seinem Namen. Er besinnt sich auf die Anfänge: Wie in der Frühzeit der Beatles fahren sie im Tourbus von Ort zu Ort und spielen manchmal vor nur ein paar hundert Zuschauern – bis sich herumspricht, wer sich hinter den Wings verbirgt. Sie sind aktiv im internationalen Musikbusiness, gehen auf große Tourneen und bringen mehrere erfolgreiche Alben heraus. Nach der Auflösung der Gruppe 1981 steht Linda auch später noch mit McCartney auf der Bühne und fungiert als Gastmusikerin bei den Aufnahmen neuer Songs.

Das alltägliche Leben der Familie spielt sich jetzt zwischen Arbeit und Schule in der Londoner Cavendish Avenue und ihrem Landhaus Waterfall in Sussex ab, wo sie zumeist die Wochenenden verbringen. Das in Peasmarsh gelegene Anwesen haben sie sich wegen der Nähe zum Meer und der von London aus leichten Erreichbarkeit zugelegt. In den Sommermonaten zieht es die mittlerweile auf sechs Mitglieder angewachsene Familie McCartney – 1977 wird Sohn James geboren – aber weiterhin nach Schottland. Hier hat Linda auch Zeit für ihre neue Passion: die vegetarische Ernährung und den Tierschutz. Linda ist eine gute Köchin, und Familie und Gäste hatten immer ihre wohlschmeckenden Braten geschätzt. Doch eines Tages sehen Paul und sie während des Essens in die Augen eines kleinen Lämmchens vor ihrem Fenster – womit es vorbei ist mit jeglichem Fleisch auf dem Speiseplan der McCartneys. »Iss niemals etwas, das ein Gesicht hat!«, ist nun ihr Leitsatz. Linda schreibt mehrere vegetarische Kochbücher, die Millionenauflage erreichen, gründet ein gut gehendes Unternehmen für vegetarische Fertigprodukte und macht sich einen Namen als Umweltaktivistin. Was Linda auch anpackt, sie tut es mit Hingabe. Sie ist eine Kämpferin, entschlossen und tatkräftig.

Ein verlorener Kampf

1995 wird jedoch Brustkrebs bei ihr diagnostiziert. Sie nimmt den Kampf auf, begibt sich in die Behandlung internationaler Spezialisten, übersteht etliche Chemotherapien, sucht nach alternativen Heilungschancen. An ihrer Seite immer Paul. Linda will nicht aufgeben, schöpft vor jeder Behandlung wieder Hoffnung, verliert zwar ihre langen blonden Haare, aber nicht ihren Lebensmut. »Sie ist der positivste Mensch auf Erden«, preist Paul McCartney sie noch wenige Monate vor ihrem Tod. Am 20. März 1998 geht das Paar für die letzte Aufnahme von Linda McCartneys erstem Soloalbum, »Wide Prairie«, noch einmal ins Studio, da wissen beide schon, dass das Ende unabwendbar ist. Anschließend fliegen sie auf ihre Ranch in Tuscon nach Arizona, wo Linda McCartney am 17. April stirbt. Über ihre letzten Momente teilt Paul McCartney der Presse mit: »Sie starb im Kreis der Familie, ohne erkennbare Schmerzen. Ich sagte gerade zu ihr: ›Stell dir vor, du sitzt auf einem prächtigen Appaloosa-Hengst und reitest mit mir durch den Wald. An einem wunderschönen Tag. Die ersten Frühlingsblumen blühen, der Himmel ist strahlend blau.‹ Kaum hatte ich den Satz zu Ende gesprochen, als sie ihre Augen schloss und von uns ging.« Das erste und einzige Soloalbum Linda McCartneys veröffentlicht ihr Mann im November 1998.

5

Seelenverwandte

Gertrude Stein & Alice B. Toklas

Gustav Klimt & Emilie Flöge

Teofila & Marcel Reich-Ranicki

Yves Saint Laurent & Pierre Bergé

Gertrude Stein & Alice B. Toklas

1874–1946 & 1877–1967

*Gertrude Stein und Alice B. Toklas, beide US-amerikanische
Jüdinnen, zieht es Anfang des 20. Jahrhunderts in die
zentrale Metropole für junge Künstler: nach Paris. In Gertrudes Salon
verkehren Picasso, Matisse, Braque, Gris … und hier treffen auch
Stein und Toklas erstmals aufeinander. Alice' große Verehrung
für die exzentrische Literatin Gertrude Stein, die »Mutter der Moderne«,
erwidert diese mit einer Liebe, die das Paar lebenslang
verbinden wird.*

Als sich Gertrude Stein und Alice B. Toklas 1907 in Paris begegnen,
schwebt Erstere schon im vollen Bewusstsein ihrer Genialität und
Bedeutung als Schriftstellerin der Avantgarde. Und für Toklas gibt es von
diesem Moment an auch keinen Zweifel mehr ob ihrer Berufung – die da
wäre, da zu sein für Gertrude Stein …

Die ersten Jahre in Paris

Gertrude Stein wird 1874 in Allengheny/Pittsburgh als von allen ver-
hätscheltes Nesthäkchen in eine große, internationale jüdische Familie
hineingeboren. Ein besonders enges Verhältnis verbindet sie mit ihrem
zwei Jahre älteren Bruder Leo, der in Paris die Malerei für sich entdeckt
hat. 1903 folgt sie ihm nach Europa. Beide begeistern sich für die künstlerische Avantgarde und suchen Kontakt zu den jungen Malern, deren
Kunst von einer neuen Zeit kündigt. Sie entdecken die Werke von Mo-
net, Gauguin und Cézanne und machen ihre gemeinsame Wohnung in
der Rue de Fleurus 27 zu einem Salon der Moderne. Hier treffen sich
Schriftsteller, Sammler, Kunsthändler, Freunde, Verwandte und Maler
wie Pablo Picasso, Georges Braque, Henri Matisse oder Félix Vallotton,
deren Arbeiten damals kaum jemand kennt. Die Geschwister kaufen
Bilder, die ihnen gefallen, und legen so den Grundstein für eine umfangreiche Kunstsammlung. Angeregt von der neuen Bewegung in der
Kunst, findet Gertrude auch ihre eigene Berufung: Sie wird eine völlig
neue Poesie begründen.

Auch die drei Jahre jüngere Alice B. Toklas stammt aus einer wohl-
habenden jüdischen Familie. Nach dem verheerenden Erdbeben in San
Francisco im Jahr 1906 begegnet sie dort Michael Stein, dem ältesten
Bruder von Leo und Gertrude, und dessen Frau Sarah. Auch das Paar
lebt seit einigen Jahren in Paris und hat sich dort einen Namen als
Kunstsammler gemacht – Sarah ist eine der wichtigsten Förderinnen
von Henri Matisse. Angesteckt von den mitreißenden Erzählungen der
Steins über die schöpferische Emphase der Pariser Kunstszene, verlässt
Alice ihre Heimatstadt, wo sie nach einem abgebrochenen Musikstu-
dium und dem Tod ihrer Mutter zuletzt mit der Versorgung des zurück-
gelassenen Männerhaushalts beschäftigt gewesen ist, und trifft im September 1907 in der Metropole an der Seine ein. Gleich am Tag nach ihrer
Ankunft besucht sie die Steins und sieht dort zum ersten Mal Gertrude,
»eine goldfarbene Erscheinung, von der Sonne der Toskana gebräunt
und mit einem goldenen Schimmer in ihrem warmen, braunen Haar. …
Ihre Stimme war anders als die von allen anderen – tief, voll, samtig
wie ein kräftiger Alt, wie zwei Stimmen. Sie war stämmig und schwer
mit zierlichen schmalen Händen und einem herrlich geformten, einzig-

artigen Kopf.« Ganz in Gertrudes Bann, vernimmt Alice den Klang von Glocken, für sie ein sicheres Zeichen, dass sie sich in Gegenwart einer himmlischen Erscheinung umgeben von der Aura der Genialität befindet – nur zweimal noch sollte ihr das in ihrem Leben geschehen: bei der Begegnung mit Picasso und beim britischen Mathematiker und Philosophen Alfred North Whitehead. Bevor Alice die Steins am Abend dieses 8. September verlässt, tritt Gertrude an die zarte, nur ein Meter fünfzig große Miss Toklas heran und lädt sie für den nächsten Tag zu einem Spaziergang im Jardin du Luxembourg ein. Es ist der Beginn einer Liebe, in der keine mehr von der anderen lassen würde.

»Wie das bei vollkommen kongenialen Persönlichkeiten vorkommt, sahen sie die Dinge offensichtlich vom gleichen Standpunkt aus.«

Sylvia Beach, Buchhändlerin und zentrale Gestalt der damaligen Pariser Literaturszene, in ihrem Buch »Shakespeare und Company« über Gertrude und Alice

Lovey und Pussy

Schon 1903 hat Gertrude mit der Arbeit an ihrem Roman »The Making of Americans« begonnen, darüber hinaus verfasst sie kleinere Prosatexte und übersetzt Flaubert ins Englische. Gertrudes Handschrift ist schwer lesbar, und so besorgt Alice eine Schreibmaschine, lernt darauf zu schreiben und macht sich daran, alles abzutippen. Gertrude schreibt vor allem nachts und schläft dann bis in den nächsten Tag. Alice gehört zu den Frühaufstehern, geht morgens in die Rue de Fleurus und tippt die neu entstandenen Texte ab. Von Beginn an glaubt Alice an Gertrudes Genie, bleibt dabei aber immer eine kritische Leserin – eine von der Verfasserin überaus geschätzte Eigenschaft. Auf ihrer ersten gemeinsamen Reise in die Toskana im darauffolgenden Jahr macht Gertrude ihrer Alice einen Heiratsantrag. Gertrudes Frauenbeziehungen sind bisher nicht frei von moralischen Skrupeln gewesen, deshalb hat sie immer gehofft, eines Tages eine Moral zu finden, die »dem Druck des wirklichen Begehrens standhalten kann«. Dieser Augenblick ist mit der Liebe zu Alice gekommen, und sie hat von nun an keine Bedenken mehr,

sich zu ihrer Homosexualität zu bekennen. Über die Rollenverteilung ihres künftigen Zusammenseins gibt es keinen Zweifel, als liebende Ehefrau wird Alice sich unterordnen. Sie ist überglücklich, »weinte über die neue Liebe, die in ihr Leben gekommen war«. Bald darauf zieht sie in die Rue de Fleurus, um von nun an ständig mit Gertrude zusammen sein zu können und ihr zu dienen. Alice wird Ehefrau, Liebhaberin, Freundin, Sekretärin, Lektorin, Haushälterin, Köchin – kurz gesagt: Sie kümmert sich um alles und hält Gertrude den Rücken frei. Von nun an

Gertrude und Alice mit Hund »Basket« in Frankreich

treten sie meist gemeinsam auf, nennen sich Pussy und Lovey – auch wenn Pussy Alice immer im Hintergrund bleibt.

»Mutter der Moderne«

Schon ihre ersten Romane verfasst Gertrude, die Psychologie, Philosophie, Medizin und englische Literatur studiert hat, in ungewöhnlichem, aber noch regulärem Englisch. Obwohl sie in Frankreich bleibt, wird sie immer in englischer Sprache schreiben. Angeregt von den kubistischen Bildern ihrer Malerfreunde, findet sie 1912 in ihren Gedichten und Skizzen jedoch zu einem ganz eigenen Stil. Gespeist aus einem unerschöpflichen Erfindungsreichtum, entstehen Sprachexperimente, Spiele mit Sätzen und Wörtern, die Gertrude in der avantgardistischen Szene zu einer Berühmtheit machen; der amerikanische Schriftsteller Thornton Wilder erhebt sie gar zur »Mutter der Moderne«. Das wohl populärste Beispiel dafür ist der in unterschiedlichsten Zusammenhängen zitierte Vers »Eine Rose ist eine Rose ist eine Rose ist eine Rose« aus dem 1913 geschriebenen Gedicht »Heilige Emily«. Der Versuch, sich mit dieser Art von Poesie einem breiten Publikum zuzuwenden, scheitert – trotz zahlreicher Versuche, entsprechende Verlage zu finden. Nach Gertrudes Tod werden noch ganze Stapel unveröffentlichter Verse existieren, für deren Herausgabe Alice B. Toklas ihre ganze Energie und ihr gesamtes Vermögen einsetzt …

Denn irgendwann war der Moment gekommen, an dem Gertrude Stein der Ruhm innerhalb der literarischen Zirkel und der kleinen Gemeinden von Liebhabern der Avantgarde nicht mehr gereicht hat; sie will auch das allgemeine Publikum erobern, will mit ihren Büchern endlich Geld verdienen. Bei vielen ihrer Freunde hat sich in den Zwanzigerjahren finanzieller Erfolg eingestellt, Picasso und Matisse erzielen mit dem Verkauf ihrer Bilder hohe Gewinne, und Schriftsteller wie Ernest Hemingway und F. Scott Fitzgerald, denen sie nach dem Ersten Weltkrieg noch Ratschläge hat geben können, schreiben inzwischen Bestseller. Alice rät zu Memoiren, doch »so etwas« will Gertrude nicht schreiben, schlägt stattdessen vor, Alice als Gefährtin möge doch diese Arbeit übernehmen. Alice protestiert: »Ich bin eine ziemlich gute Hausfrau und eine ziemlich gute Gärtnerin und eine ziemlich gute Stickerin und eine ziemliche gute Sekretärin und eine ziemlich gute Herausgeberin und eine ziemlich gute Tierärztin für Hunde, und immer soll ich alles auf einmal sein, und ich finde es schwierig, obendrein noch eine gute Autorin zu sein.« Also schreibt Gertrude Stein ihre Biografie doch selbst – unter dem Titel »Autobiographie von Alice B. Toklas«. Das Buch lässt die Figur Alice jedoch schnell hinter sich, um zum eigentlichen Thema zu kommen: zu Gertrude. Es erscheint 1933 in den USA, 1934 in Frankreich, 1938 in Italien und wird ein voller Erfolg. Die Strategie ist aufgegangen, Gertrude und Alice fühlen sich reich.

Leben auf dem Land

Nach dem Ersten Weltkrieg, in dem Gertrude Stein und Alice B. Toklas mit ihrem Ford-Automobil für die Hilfsorganisation »American Fund for French Wounded« im Einsatz waren, hatten sie daran gedacht, sich eine Bleibe auf dem Land zuzulegen. Im Sommer 1924, sie sind eigentlich auf dem Weg zu Picasso in Antibes, machen sie Halt in Belley, einem Ort, der in Alice' Gourmetführer erwähnt ist – da sie beide gern kulinarischen Genüssen frönen, plant sie die Reisen immer nach ausgezeichneten Restaurants auf dem Weg. Die Landschaft des Rhônetals gefällt ihnen so gut, dass sie bleiben, jeden Sommer wiederkommen und sich 1928 schließlich in Bilignin ein Haus mieten. Alice bewirtschaftet es, legt einen großen Gemüsegarten an, kümmert sich um den Einkauf und stickt abends. Gertrude steht spät auf, badet, geht mit dem Hund spazieren, liest, schreibt eine halbe Stunde. Es sind glückliche Jahre. Nach ihrer Rückkehr von einer überaus erfolgreichen Vortragsreise durch die USA 1938 ändert sich vieles. Nicht nur, dass ihnen die Wohnung in der Rue de Fleurus 27 gekündigt wurde und sie in die Rue Christine 5 umziehen müssen – die politische Stimmung in Europa hatte sich gewandelt. Alle sprechen vom Krieg, doch Gertrude wird dieser Wirklichkeit erst gewahr, als nach seinem Ausbruch der Fleischer von Bilignin den bestellten Braten – da von Soldaten beschlagnahmt – nicht liefern kann. Alice und Gertrude überlegen, ob sie in die USA zurückkehren sollen, doch sie bleiben in Bilignin. Geschützt durch Marschall Pétain, den Bernard Faÿ, seit 1940 Leiter der Nationalbibliothek, um Sicherheit für die beiden amerikanischen Jüdinnen gebeten hat.

Am 31. August 1944 können sie in Culoz den ersten amerikanischen Soldaten entgegengehen und mit den Franzosen die Befreiung großer Teile des Landes feiern. Anschließend kehren sie nach Paris zurück, wo sie es genießen, fast zu einer Touristenattraktion der GIs geworden zu sein. Dann fährt Gertrude für »Life« auf eine Reportage nach Salzburg und Berchtesgaden. Mit der Zeit aber strengt sie dieses aufregende Leben an, lassen ihre Kräfte nach, und die Ärzte diagnostizieren Krebs. Am 27. Juli 1946 stirbt Gertrude Stein während der Operation in Paris. Alice B. Toklas folgt Lovey erst 21 Jahre später, lebt aber auch fortan nur für Gertrude. Sie kümmert sich um die Publikation ihres schriftstellerischen Œuvre und sieht es als ihre Pflicht an, die Gemäldesammlung zusammenzuhalten – es sei denn, sie braucht hin und wieder Geld für die Veröffentlichung von Gertrudes Werk. Auch das Vermögen, das sie mit ihrem überaus erfolgreichen, 1954 erschienenen »The Alice B. Toklas Cookbook« verdient, investiert sie in Gertrudes Andenken. Wegen des Bilderverkaufs überwirft sie sich mit dem Erben Allan Stein und dessen Frau, sodass die Sammlung schließlich in alle Winde zerstreut wird und sie am Ende mittellos dasteht. Mit 87 Jahren verweist man sie ihrer Wohnung.

Zwei Monate vor ihrem 90. Geburtstag stirbt Alice. Ihre letzte Ruhe findet sie in Gertrude Steins Grabstätte auf dem Friedhof Père Lachaise. Auf ihren Wunsch werden ihr Name und ihre Lebensdaten auf der Rückseite des Grabsteins ihrer Frau eingemeißelt. So bleibt Alice im Hintergrund ihrer geliebten Gertrude bis zuletzt.

Gustav Klimt & Emilie Flöge

1862–1918 & 1874–1952

Gustav Klimt, eine der prägenden Figuren des Wiener Fin de Siècle, kennt die gelernte Schneiderin Emilie Flöge schon in ihren jungen Jahren. Klimt und Emilie Flöge, die zur erfolgreichen Designerin einer avantgardistischen Mode wird, verbindet die Leidenschaft für Kunst, erlesenen Stil und den großen Auftritt. Ihre von gegenseitiger Freundschaft getragene Liebe übersteht die Leidenschaft des Künstlers zu anderen Frauen und bindet sie bis zum Ende aneinander.

D ie Emilie soll kommen!« – Als Gustav Klimt, gefeierter Künstler des Wiener Jugendstils, nach einem Schlaganfall merkte, dass es zu Ende gehen würde, rief er nur nach ihr – Emilie Flöge, seit mehr als einem Vierteljahrhundert seine Gefährtin, Muse, Vertraute, doch mit getrennten Haushalten. Nun aber wich sie wochenlang nicht von seiner Seite, bis Gustav am 6. Februar 1918 mit gerade einmal 56 Jahren starb. Unbeirrt ging Emilie Flöge danach den gemeinsamen Weg weiter und bewahrte Erbe und Andenken eines der größten Künstlers Österreichs.

Die enge Verbindung des Paars war gebaut auf Freundschaft, erfüllt von Liebe, getragen von den gleichen Überzeugungen und Leidenschaften – bisweilen wohl durchzogen von unerfüllter Sehnsucht. Nicht zuletzt war sie aber auch die Verbindung zweier Familien. Erste Kontakte hatten sich bereits im Jahr 1890 angebahnt, als die Kleidermacherin Pauline Flöge Kostüme für die Künstler-Compagnie nähte, eine Malergemeinschaft, der Gustav und Ernst Klimt angehörten. Damit knüpfte sie ein erstes Band, das nach und nach immer weitere Mitglieder der Familien zusammenführen sollte. Denn schon bald freundete sich Paulines Bruder Hermann mit den beiden Künstlern an und stellte sie den jüngeren Schwestern vor. Was amouröse Folgen hatte: Hals über Kopf verliebte sich Ernst in Helene, die mittlere der drei Flöge-Töchter. Und spätestens während der Verlobungszeit ihrer Geschwister sind sich schließlich auch Gustav und Emilie begegnet, wenn über dieses Kennenlernen auch leider nichts überliefert ist.

Was dachte die damals 17-jährige Emilie über den sehr viel älteren Gustav, der immerhin schon auf die 30 zuging? Und wann fiel dem viel beschäftigten Maler das junge Mädchen zum ersten Mal so richtig auf? Jedenfalls malte er Emilie 1893 zum ersten, ein Jahr später zum zweiten Mal. Da war der Wiener Maler schon eine der prägendsten Figuren des Wiener Fin de Siècle. Er hatte bereits für Kaiserin Elisabeth und berühmte Theater gearbeitet und 1894 seinen ersten großen Kunstskandal entfacht, weil eine Auftragsarbeit für die Universität als zu negativ gefärbt und die gemalten Frauen als zu nackt aufgenommen wurden.

Emilie derweil war gerade erst 20 und stand noch am Beginn ihres Lebenswegs. Als jüngstes von vier Geschwistern war sie in ein finanziell gut gepolstertes Nest mit nicht übermäßig strengen Eltern geboren worden. Hermann Flöge hatte die Drechslerwerkstatt seines Vaters übernommen und firmierte als Fabrikant von damals in den Herrenzimmern sehr beliebten und künstlerisch aufwendig gestalteten Meerschaumpfeifen. Die vier Kinder, Sohn Hermann sowie die drei Töchter Pauline, Helene und Emilie, unterstützten sich zeitlebens und arbeiteten oft im Team, denn auch ihre beruflichen Interessen lagen nahe beieinander. Alle Mädchen lernten wie Pauline den Beruf der Schneiderin – ungeplant der Grundstein für ein erfolgreiches Unternehmen und einen sozialen Aufstieg, der sie in die Salons und Logen der ersten Wiener Gesellschaft, der Zuckerkandls, Mahlers, Bloch-Bauers führen sollte. Wie im Hause Flöge setzte man auch in der Familie Klimt uneingeschränkt auf familiären Zusammenhalt. Nach dem Tod des Vaters übernahm Gustav genauso selbstverständlich die Sorge für Mutter und Schwestern, mit denen er bis zu seinem Tod zusammenwohnte, wie nach dem Tod seines Bruders die Vormundschaft für Nichte Helene, genannt Lentschi. Lentschi und ihre Mutter, die mit nur 21 Jahren Witwe geworden war, lebten von nun an als beschützter Teil einer Großfamilie unter den Fittichen von Gustav Klimt. Man verreiste gemeinsam in die Sommerfrische, traf sich zum Kartenspielen, verabredete sich für Theater und Konzert und sprang füreinander ein, wo immer es ging.

Hunderte Briefe an das »schöne Miderl«

Klimt war eine ungewöhnliche Mischung aus künstlerischem Feinsinn, robuster Körperlichkeit und einer sehr direkten Haltung. Auf Fotos posierte er im bodenlang wallenden, grobleinenen Malerkittel, und laut den Erzählungen einiger Freunde liebte er es, auf der Straße mit Männern, die ihm an Kraft meistens deutlich überlegen waren, zu ringen, bis er am Boden lag. Wenn er nicht im Atelier oder in den Zirkeln der Kulturpolitik anzutreffen war, pflegte er sein Image als Naturbursche: Bergwandern, Rudern, Schwimmen. Eher schweigsam veranlagt, hielt er mit seiner Meinung, gerne auch ruppig und in breitem Dialekt vorgetragen, dennoch nicht hinter dem Berg. Und, wie ganz Wien wusste: Er liebte die Frauen, leidenschaftlich und erotisch überaus engagiert. Nur der jungen Emilie gegenüber offenbarte er eine weitere, noch mal ganz andere Facette seines Wesens – und diese Seite an ihm war sehr romantisch. »Sei herzlichst geküsst und innig und lang, lang – Gustav.« Mehr als 400 Briefe und Karten an »das schöne Miderl«, an das »Herz«, an »meine Gazelle« sind heute bekannt. An manchen Tagen schrieb er bis zu acht Mal, oft viele Seiten lang, auf Postkarten die Vorder- und Rückseite eng betextet, mit Zeichnungen verziert. Die ersten Schreiben datieren von 1895. Von seinen Reisen schickte er eine Zeitlang einen Brief postlagernd, einen weiteren ganz offiziell nach Hause an die Adresse der Familie Flöge. Dazu immer wieder die dringende Mahnung an sein

»Fräulein Emilie Flöge«,
Gemälde von Gustav
Klimt, 1902

»Miderl«, sich ja nicht über die geheimen Briefchen »zu verplauschen«. Und da Gustav und Emilie vorübergehend gemeinsam Französischstunden nahmen, parlierte er bisweilen auch gekonnt auf Französisch: »Ma mignonne, toi, plus douce que l'eau du ciel« – meine Süße, du, lieblicher als das Wasser des Himmels. Wie emsig und eloquent sich sein Schwarm mit Liebesbriefen revanchiert hat? Während Hunderte Dokumente von ihm an sie erhalten blieben, ist kein einziges Schreiben von Emilie an Gustav bekannt. Wobei nicht einmal klar ist, ob Emilies Briefe, die es gegeben haben muss (manchmal beklagte sich Gustav, dass sie gar so lange nicht geschrieben habe), absichtlich vernichtet wurden oder im Krieg verloren gingen. Es heißt, als ältere Frau habe sie selbst alle verbrannt. Doch auch darüber gibt es keine gesicherten Erkenntnisse. Verbürgt ist hingegen, dass Emilie und Gustav, die nie offiziell zusammenlebten, in Wien dennoch als Paar wahrgenommen wurden. Im Sommer 1904, Emilie war knapp 30, Gustav 42 Jahre alt, machte dann sogar ein Gerücht die Runde, das für reichlich Klatsch sorgte und so manche Verehrerin Klimts aufschreckte: Alma Mahler, die Gattin des Komponisten Gustav

Mahler, einst selbst von Klimt so heftig umgarnt, dass die Eltern ihm Hausverbot erteilten, schrieb aufgewühlt: »Klimt heiratet! Meine Jugend ist vorbei ... Er stand mir so nahe. Ihm gehört meine ganze Dankbarkeit, weil ich durch ihn wach geworden bin. Was sie betrifft: Sie ist ohne Fehl und Tadel. Schönheit und Charme, es ist alles da. Doch sonst ist sie ein Nichts.« Doch entweder war an dem Gerücht nichts dran, oder einer von beiden machte einen Rückzieher. Denn eine Hochzeit kam nie zustande. Und das scheint für beide kein großes Drama gewesen zu sein, schon bald verbrachten Gustav und Emilie ihre Sommerferien wie gewohnt mit der ganzen Familie am Attersee.

Seine Affären sind stadtbekannt

Möglicherweise waren sie, jeder auf seine Weise, salopp gesagt einfach nicht der Typ zum Heiraten. Klimt, der wie Emilie sein Leben lang ledig blieb, hatte eigentlich ständig seine - stadtbekannten - Affären, meist mit einfachen Frauen, die ihm Modell standen. Auch über das eine oder andere Techtelmechtel mit Frauen aus der ersten Wiener Gesellschaft, die er porträtierte, wurde getuschelt. Oft unterhielt er gleich zwei Liebschaften zur selben Zeit, die nicht immer ohne Folgen blieben. Zwei seiner Kinder, Gustav Ucicky und Gustav Zimmermann, wurden beide im Jahr 1899 geboren. Otto, ein weiterer Sohn mit Marie Zimmermann, starb 1902, bald nach der Geburt. Jahre später bekam er mit Camilla Huber noch zwei Söhne und eine Tochter. Um seine Kinder wie auch um deren Mütter machte Klimt kein Versteckspiel. Er hielt mit allen Kontakt und kam selbstverständlich auch für den Unterhalt auf.

Von Emilie hingegen sind neben ihrer Verbindung mit Gustav Klimt keine Liebesgeschichten bekannt. Nach seinem Tod zog sie es vor, allein zu bleiben, mehr als 30 Jahre lang. Ob sie in ihrer Beziehung zu Klimt nur ungeheuer nachsichtig oder die Romanze irgendwann in eine enge Freundschaft übergegangen war? Das blieb beider Geheimnis. Doch wie erfüllt - oder unerfüllt - die Liebe füreinander war: Ganz sicher wurde das Paar auch durch seine Arbeit, das Nehmen und Geben in der gemeinsamen Leidenschaft für Kunst, Stil, Ausdruck und Auftritt zusammengehalten. Beide waren sie verwurzelt in der damals tonangebenden Wiener Künstler-Bohème, prägende Avantgarde des Zeitgeistes und eifrige Netzwerker. Nach den beiden frühen Werken hatte Klimt seine Gefährtin im Jahr 1902 zum dritten Mal gemalt – »Bildnis Emilie Flöge«. Heute ist das 1,80 Meter große Ölgemälde das Schaustück im Wien Museum. Schlank und selbstbewusst, die linke Hand an der Hüfte, in einem fließenden, ornamentreichen Kleid blickt die damals 28-jährige Emilie mit ernster Miene und wachen Augen auf den Betrachter. Inzwischen viele Millionen wert und schon damals ein beachtliches finanzielles Meisterwerk, soll es dennoch nicht den Geschmack des Modells getroffen haben, jedenfalls wurde es recht bald verkauft. 1908 präsentierte Klimt auf der »Kunstschau« seine heute bekannteste Arbeit: »Der Kuß – Liebespaar«, ein eng umschlungenes Paar in Gold, Ikone seiner »goldenen Periode«. Es soll Klimt in der Umarmung mit Emilie zeigen, was allerdings weder von ihm noch von ihr bestätigt wurde. Das Bild war ebenso ein immenser, auch geschäftlicher Erfolg und gab erneut Anlass zu Spekulation über die Beziehung zwischen Maler und Modell. Emilie, die von Klimt in Öl verewigte Frau im blaugrünen Kleid mit eng anliegender Halsborte und einer etwas geheimnisumwitterten Ausstrahlung, war damals längst über Wien hinaus bekannt – nicht als Frau an seiner Seite, sondern für ihre eigene Profession. Den Worten der spitzzüngigen Alma Mahler zum Trotz, die sie einst boshaft als »ein Nichts« geschmäht hatte, war Emilie bereits aus Klimts Schatten herausgetreten und hatte ihren Weg als erfolgreiche Modedesignerin und Unternehmerin gemacht. Zielstrebig hatte sich die Erfinderin des sogenannten Reformkleides schon in ihren Zwanzigern mit einem Atelier auf eigene Beine gestellt und gemeinsam mit Pauline und Helene 1904 den Salon »Schwestern Flöge« gegründet. Pauline kümmerte sich um die Buchhaltung, Helene um die Betreuung der Kundinnen, Emilie übernahm die Geschäftsführung, das Kreative und die Repräsentanz nach außen. Zweimal im Jahr, im Februar und September, schloss sie sich dem damals noch sehr überschaubaren Tross nach Paris an, verfolgte die Défilés, orderte Stoffe, studierte auf der Suche nach Inspiration und dem gewissen Etwas die neuesten Schöpfungen des damals maßgebenden Couturiers Paul Poiret. Reisen, bei denen sich die Französischlektionen ihrer Jugend auszahlten.

Klimt, der Modefotograf

Im Zusammenspiel mit den Idealen der Wiener Werkstätten, die sich 1903 gegründet hatten, entwarf sie ihre Idee vom Reformkleid: Fließende, bodenlange Kleider, handwerklich sehr aufwendig gearbeitet, die ohne das damals noch übliche Korsett zu tragen waren. Daneben – nicht jede ihrer Kundinnen wollte sich diesem Wiener Trend anschließen – boten die Schwestern Flöge auch Couture. Die Geschäfte liefen prächtig, zeitweise beschäftigten sie bis zu achtzig Näherinnen. Auch die Einrichtung des Salons war für die damalige Zeit bahnbrechend. Vom in Mosaik gestalteten Eingangsemblem über Visitenkarten bis zu den Möbeln und Dekors ließ man in der »Casa Piccola«, einem gewaltigen Bau mit Türmchen und Verzierungen in der Mariahilfer Straße, alles von den Wiener Werkstätten gestalten, mit deren Künstlergemeinschaft Klimt und Flöge eng verbunden waren. Gleich neben Atelier und Verkaufsräumen bezogen die drei Inhaberinnen gemeinsam mit ihrer Mutter und Nichte »Lentschi«, die später einmal die Buchhaltung verantworten würde, ihre Wohnung. Und natürlich brachte sich auch Klimt

Gustav und Emilie auf dem Attersee, 1909/1910

in den Salon Flöge ein. Sehr interessiert an Fotografie, die inzwischen zu einer Art Massenmedium geworden war, setzte er Emilie und ihre Kleider in Szene. Vor allem in den sonnigen Ferienwochen am Attersee verewigte er die Designerin, meist in Schwarz-Weiß, gelegentlich auch auf Farbfotos, in ihren neuesten Kreationen. Oder er ließ andere Fotografen auf seine Anweisung arbeiten und posierte neben Emilie, im wallenden Malerkittel – pure Lebensfreude auf Fotopapier gebannt. Unbeschwerte Zeiten waren es auch, wenn die ganze Familie im Salzkammergut zusammenkam. Rudern, schwimmen, feiern, aber auch arbeiten. Viele von Klimts Landschaftsgemälden sind dort entstanden, Bilder von gekräuselten Seen, wogenden Alleen, Pflanzen und der Sommervilla, in der man abstieg. Vorherrschende Farbe: blaugrün, wie auch sein berühmtes Bildnis von Emilie. Doch die Leichtigkeit war nicht von Dauer. Der Erste Weltkrieg brach aus, 1916 starb Emilies Bruder, ein Jahr später Schwester Pauline. Zum Jahreswechsel 1917/18 schrieb Klimt Emilie: »so bringen es die Umstände leider mit sich, daß ich Dir schriftlich gratulieren muß. – ist ein Gruß aus dem Innersten heraus und wünsche Dir ein aller allerglücklichstes Neujahr – wie wir es Beide so dringendst brauchen.« Wenige Tage darauf erlitt er den Schlaganfall, im Krankenhaus kam dann noch eine Lungenentzündung dazu. Am 6. Februar 1918 war Gustav Klimt tot. Klimts Schwester erbte die eine Hälfte seines Nachlasses, seine Gefährtin der letzten über 25 Jahre die andere Hälfte.

Emilies Kundinnen: verfolgt, ermordet

Emilie, um die es nun zwar einsam wird, lässt dennoch nicht nach, was Kunst, Inspiration und den Zeitgeist betrifft. Sie behält ihren Salon, aber mit dem Börsenkrach und erst recht durch das Erstarken der Faschisten in Österreich werden die Geschäfte schwieriger. Ein wichtiger Teil ihrer Kundinnen ist jüdisch – stilbewusste Frauen aus Familien voller Bürgersinn, Patriotismus, liberal, viele längst zum Katholizismus konvertiert, viele wenig religiös eingestellt. Sie werden enteignet, vertrieben und bald auch ermordet. Berta Zuckerkandl, einst gesellschaftliche Meinungsführerin in Wien, schafft es gerade noch nach Algier. Die umschwärmte Alma Mahler flieht mit ihrem jüdischen Mann, dem

Schriftsteller Franz Werfel, begleitet von Heinrich und Golo Mann, über die Pyrenäen nach Spanien und von dort aus weiter in die USA. Die Nachkommen von Klimts berühmter »Frau in Gold«, Adele Bloch-Bauer, entkommen in letzter Minute nach Amerika. Derweil finden die Nazis Geschmack an Klimts Kunst. Erst als Adolf Hitler, der eine Ausstellung über Klimt vorbereiten will, bewusst wird, dass viele der porträtierten Frauen jüdisch sind, nimmt er Abstand. 1938, inzwischen sind auch die Mutter und die geliebte Schwester Helene gestorben, gibt Emilie Flöge auf. Sie schließt den Salon und zieht sich zurück. Ihr gehütetes Klimt-Zimmer, das sie mit Schätzen aus dem Nachlass des verstorbenen Freundes eingerichtet hatte, nimmt sie mit in die Ungargasse im 3. Bezirk. Doch das meiste der wertvollen Preziosen und persönlichen Andenken wird in den letzten Kriegstagen bei einem Brand zerstört. Emilie kann sich über den Krieg retten, gemeinsam mit Helenes Tochter verbringt sie die Zeit am Attersee, wo sie das Erbe an Gustav Klimt weiter hochhält. Die Gemälde sind längst in den großen Museen zu bestaunen, während alle Unterlagen, Notizen, all die kleinen Kostbarkeiten von ihr selbst mit Sorgfalt gehütet werden. Als sie 1952 stirbt, gehen diese Erinnerungen an die Nichten »Lentschi« und Trude, Tochter ihres Bruders, über, die sie der Öffentlichkeit zugänglich machen werden. Berichte über ihr Leben mit Gustav Klimt oder gar eine Biografie hat sie nie geschrieben. So präsent und unverstellt beider Leben und Arbeiten war, so privat blieb das wirklich Private. Wie Emilie tatsächlich über ihren Lebenspartner dachte, wie verwachsen sie sich mit ihm fühlte, lässt sich aus der gemeinsamen Zeit und Arbeit, aus ihrer unerschütterlichen Treue ablesen. Öffentlich dazu gesprochen hat sie nie. Und ihre Briefe, die alles enthüllen würden, sind nie wieder aufgetaucht.

Teofila und Marcel Reich-Ranicki

1920–2011 & 1920–2013

Als Teofila und Marcel am 22. Juli 1942 im Warschauer Getto heiraten, gibt es keine begründete Hoffnung auf ein langes, gemeinsames Leben. An diesem Ort, wo der Tod allgegenwärtig ist, denkt niemand an Zukunft. Doch verbunden durch ihre Jugend, die Literatur, die Kunst und Musik wächst mit ihrer Liebe auch ihre Zuversicht. Gemeinsam gelingt ihnen die Flucht, die sie nach entbehrungsreicher Zeit in eine ereignisreiche und glückliche Ehe über mehr als ein halbes Jahrhundert führt.

Herr der Bücher«, »Literaturpapst« oder gar »Unterhaltungskünstler« – so lauten einige der Charakterisierungen für Marcel Reich-Ranicki. Nie war ein Kritiker der deutschen Literatur populärer. Nicht nur Schriftsteller und Leser, sondern auch die Leute auf der Straße oder der Tankwart – so erzählte Reich-Ranicki gerne selbst – wussten, wer er ist.

Es war das im März 1988 vom ZDF gestartete »Literarische Quartett«, das den Literaturkritiker der Fernsehnation bekannt machte. Das neue Format, erdacht von Marcel Reich-Ranicki, sollte ein Ort der Vermittlung sein zwischen Autoren und Lesern, der Literatur und dem Leben. Die Einschaltquoten übertrafen bald die kühnsten Erwartungen und machten den Kritiker zum Medienstar. Was wenige wussten: Nur einige Schritte von ihm entfernt saß in der ersten Reihe stets seine Frau Teofila, das Geschehen vorne auf der Bühne aufmerksam verfolgend. Die zierliche, elegante Dame mied das Scheinwerferlicht, blieb aber immer an der Seite ihres Mannes. So wie in den vorausgegangenen Jahrzehnten.

Begegnung im Warschauer Getto

Es ist der 21. Januar 1940 im von Deutschen besetzten Warschau. Bei der Rückkehr aus der Stadt in ihre Wohnung im Getto entdeckt die 19-jährige Teofila Langnas, dass sich ihr Vater erhängt hat. Verzweifelt versucht sie, ihn ins Leben zurückzuholen. Vergebens. Der Vater, vielleicht das Schreckliche vorausahnend, das ihm und allen Juden bevorstand, ist tot. Als Marcel Reichs Mutter von dem Unglück hört – die Familie Reich wohnt im selben Haus –, schickt sie ihren 19-jährigen Sohn dorthin. »Kümmere dich um das Mädchen!«, so ihre Worte. Marcel Reich-Ranicki hat diesen Satz nie vergessen. Von diesem Tag an sind Marcel und Tosja, wie Teofila genannt wird, ein Paar – und das für die folgenden 70 Jahre.

Bis zu diesem 21. Januar kennen sich beide nur von kurzen Begegnungen. Teofila Langnas ist mit ihren Eltern noch nicht lange in Warschau. Die Tochter eines jüdischen Textilfabrikanten verbringt ihre Kindheit und Jugend in Lodz. Sie ist ein außerordentlich begabtes junges Mädchen, das hervorragend Klavier spielt, die Literatur liebt und bemerkenswert gut zeichnen kann. Nach dem Abitur möchte sie nach Paris zum Kunststudium. Doch der am 1. September 1939 ausbrechende Krieg macht all ihre Pläne zunichte. In unmittelbarem Anschluss an den Überfall auf Polen beginnt Nazideutschland auch in den besetzten Gebieten mit der Verfolgung der Juden. Enteignung und Demütigungen treiben die Familie Langnas zur Flucht aus Lodz. In Warschau, wo sehr viele polnische Juden einst ein normales Leben führten, hoffen sie unbehelligt zu bleiben. Doch Warschau wird zu ihrem Inferno. Der angeordneten Pflicht zum Tragen weißer Armbinden folgt in den nächsten Monaten die Umsiedlung aller Juden in einen nur wenige Quadratkilometer großen Stadtbezirk. Zusammengepfercht im Getto, sind sie nun Willkür und Brutalität der Deutschen vollends ausgeliefert.

Auch die Familie Reich lebt im Getto. Der jüngste Sohn, Marcel, wird in der polnischen Provinz, in Włocławek, geboren. Dem Unternehmen des Vaters ist nur wenig Erfolg beschieden. Aber musikalisch sehr talentiert, führt er Marcel in die Welt der Musik ein, seine deutsche Mutter bahnt ihm den Weg in die Literatur. Sie ist es auch, die die Familie drängt, nach Berlin zu ziehen, um den Kindern eine gute Ausbildung zu ermöglichen. Als polnischer Jude hat es Marcel nicht leicht in Schulen, wo sich zunehmend Antisemitismus breitmacht. Er bleibt ein Außenseiter und setzt selbstbehauptend seine ausgezeichneten Leistungen entgegen. Zu keiner Zeit auch hat er so viel gelesen, so viele Theaterinszenierungen gesehen wie in diesen Berliner Jahren, erinnert er sich später in seiner Autobiografie. Schon damals will Marcel Reich Kritiker werden. Das nach dem Abitur angestrebte Studium der Germanistik und Literatur an der Universität wird ihm als Juden jedoch versagt. Sein Berlin-Aufenthalt endet dann abrupt mit der Verhaftung am 28. Oktober 1938 und der Abschiebung an die polnische Grenze. Dies geschieht im Rahmen der sogenannten »Polenaktion«, bei der alle im Deutschen Reich lebenden polnischen Juden ohne vorherige Ankündigung ausgewiesen werden.

Die Familie Reich wohnt da schon einige Zeit wieder in Warschau, wo Marcel sich jetzt mit Deutschunterricht seine Konzert- und Theaterkarten verdienen kann. Eine trügerische Zwischenzeit, denn ein Jahr darauf beginnt mit dem Krieg und der deutschen Gewaltherrschaft das große Leid in Polen.

> *»Ist ein Traum, kann nicht wirklich sein, /*
> *daß wir zwei beieinander sein.«*

Mit diesen Versen von Hugo von Hofmannsthal lässt
Marcel Reich-Ranicki seine Autobiografie enden.

Eine Liebe umgeben vom Tod

Eine junge Liebe im Getto, einem Ort, an dem der Tod immer gegenwärtig ist. Kein Ort der Zukunft. Dennoch: Verbunden durch ihre Jugend, die Literatur, die Kunst und Musik wächst ihre Liebe inmitten der grauenvollen Bedingungen für ein ganzes, langes Leben. »Wir lasen Gedichte von Mickiewicz und Tuwim, von Goethe und Heine. Sie wollte mich für die polnische Poesie gewinnen, ich wollte sie zur deutschen Dichtung bekehren und verführen. So gewannen wir einander, und bisweilen unterbrachen wir die Lektüre. Ohne Freuds Formulierung zu kennen, lernten wir die ›Polarität von Lieben und Sterben‹ kennen, die Verquickung von Glück und Unglück. Die Liebe war ein Narkotikum, mit dem wir unsere Furcht betäubten – die Furcht vor den Deutschen«, so Marcel Reich-Ranicki in seiner Autobiografie. Ein wunderbares Zeugnis dieser ganz besonderen Liebe ist die von Tosja handgeschriebene und illustrierte »Lyrische Hausapotheke« von Erich Kästner. Die Gedichte, die Marcel Reich so sehr mochte, schenkte sie ihm zum 21. Geburtstag. Für Marcel Reich-Ranicki wird Tosjas kleines Buch das wertvollste Geschenk bleiben, das er je erhalten hat.

Marcel und Teofila Reich-Ranicki mit Sohn, 1957

Am 22. Juli 1942 beginnen die Selektionen im Getto. Noch am selben Tag heiraten Marcel und Teofila in großer Eile, denn von der Deportation ausgenommen sind in dieser Zeit die Mitglieder des sogenannten »Judenrats« und deren Ehefrauen. In der von den Deutschen eingesetzten Institution, die das Leben im Getto organisieren musste, ist Marcel als Übersetzer tätig. Marcel und Tosja sind vorerst gerettet. Ohnmächtig aber müssen sie mit ansehen, wie ihre Mutter und seine Eltern nach Treblinka in die Gaskammern deportiert werden. Für Teofila ergibt sich eine Möglichkeit der Flucht aus dem Getto, da sie nicht »typisch jüdisch« aussieht. Doch ohne ihren Mann geht sie nicht. Sie bleibt. Bis zum Januar 1943, als beide selbst zur Deportation zusammengetrieben werden. Auf dem Weg zu den Güterzügen, die sie in den sicheren Tod nach Treblinka bringen werden, gelingt ihnen aus der Kolonne gemeinsam die Flucht. Bis zum September 1944 überleben sie versteckt im Keller eines mutigen polnischen Arbeiters und dessen Frau. Die in größter Not aufrechterhaltene Existenz ist jedoch beherrscht von ständiger Angst vor dem nationalsozialistischen Terror.

Unruhige Zeiten

Nach der Befreiung durch die Rote Armee beginnt für Tosja und Marcel ein gemeinsames Leben in Freiheit. In ihrer Sehnsucht nach Heimat und Geborgenheit wollen sie beitragen zum Aufbau eines kommunistischen Polens. Engagiert und eloquent macht Marcel Ranicki – so sein nun polnischer Name – schnell Karriere. Er wird Mitarbeiter des Nachrichtendienstes und 1948 als Vizekonsul nach London geschickt. Nach einem von Ängsten und Entbehrungen bestimmten Dasein in der Vergangenheit erlebt das Paar zum ersten Mal eine unbeschwerte Zeit. Und die genießen sie. Sie leben in einer geräumigen Wohnung, besitzen ein Auto, reisen durch England und Schottland, verbringen ihren Urlaub in der Schweiz und Italien. Am 30. Dezember 1948 wird ihr Sohn Andrzej Alexander geboren. Das Familienglück scheint vollkommen. Doch Ende 1949 werden sie nach Hause beordert in das inzwischen von Stalinisten beherrschte Polen. Tosja geht mit. Sie gehört zu Marcel. Obwohl sie nicht zurückwill nach Polen, das »nur ein großer Friedhof« sei – so zitiert ihr Sohn sie später. (Andrew Ranicki wurde ein angesehener britischer Mathematiker, er starb 2018.) Angekommen in Warschau, wird Marcel Ranicki verhaftet wegen angeblicher Kontakte zu Trotzkisten; Teofila legt man nahe, sich von ihm scheiden zu lassen. Undenkbar für sie, den Mann zu verlassen, den sie liebt.

Es folgen der Ausschluss aus der kommunistischen Partei, gegen den Tosja und Marcel gemeinsam vergeblich kämpfen, und das Ende der politischen Karriere. Marcel findet wieder zur Literatur, bekommt vorübergehend Schreibverbot, kann dann doch als Kritiker und Herausgeber vor allem deutscher Literatur Geld verdienen; Teofila wird Redakteurin im polnischen Rundfunk. 1957 reist Marcel Ranicki ein erstes Mal in die Bundesrepublik, knüpft Kontakte zu Schriftstellern und beschließt, »Polen und die kommunistische Welt zu verlassen«. Das Ziel seiner Emigration ist klar für ihn: die Bundesrepublik. Nicht so für seine Frau, wie Andrew Ranicki später in einem Interview erzählt: »Meine Mutter wollte diese Emigration nicht. Sie hatte nie in Deutschland gelebt, und sie wollte dort partout nicht hin. ... Aber sie hat sich doch überwunden. Erstens meines Vaters und seiner Chancen wegen – er hatte dieses enorme Interesse an deutscher Literatur – und zweitens meinetwegen.«

Erfolgreich in einem fremden Land

1958 beginnt für Marcel Reich-Ranicki – so unterzeichnet er seine erste in der Bundesrepublik veröffentlichte Literaturkritik, und fortan ist Reich-Ranicki auch der Familienname für ihn und Teofila – ein sehr interessantes, abwechslungsreiches und erfolgreiches Leben. Hamburg und »Die Zeit«, Frankfurt und die »Frankfurter Allgemeine Zeitung« sind die Stationen, an denen er sich als Literaturkritiker bundesweit einen Namen macht. Geliebt und gefürchtet von den Schriftstellern – je nachdem, wie die Rezension ausfällt –, ist er dank der Rigorosität seines Urteils, seiner klugen und bildreichen Sprache bald überall bekannt in der literarischen Welt und erfolgsverwöhnt. Teofila nimmt teil am Geschehen, beobachtet genau, genießt ebenso wie ihr Mann die Anerkennung und den wachsenden Freundeskreis. Seine Erfolge sind auch ihr Triumph.

Dennoch ist dieser Weg für sie nicht leicht. Anders als ihr Mann, der

sein geistiges Zuhause in der deutschen Literatur findet, gelingt es ihr nicht, die Erlebnisse des Holocaust zu verdrängen. Bis ins hohe Alter noch leidet sie darunter. Deutschland bleibt ihr lange fremd. Es dauert Jahre, bis sie sich an den Gedanken gewöhnt, dass sie in Deutschland lebt, Deutsch spricht und mit Deutschen zu tun hat. So wird sie es später in einem Interview bekennen. Und inwieweit ihr die Tatsache zusetzt, dass ihr Mann durchaus empfänglich ist für weibliche Reize und sich auch von anderen Frauen angezogen fühlt, lässt sich vielleicht erahnen. Es erfordert viel Kraft, sich in der neuen Welt zurechtzufinden. Doch trotz ihrer zarten Statur und all dem Erlebten – oder gerade deshalb – ist Teofila eine starke, eigenständige Frau, eine gute Beobachterin, deren Umgebung ihr klares Urteil und ihren Humor außerordentlich schätzt. Gegenseitige Wertschätzung und Zuneigung bestimmen das gemeinsame Leben von Teofila und Marcel, die ihre Zusammengehörigkeit niemals in Frage stellen.

In seiner 1999 erschienenen Autobiografie »Mein Leben« setzt Marcel Reich-Ranicki ihrer Liebe ein Denkmal, erzählt den Lesern zum ersten Mal von Teofila, seiner Frau und der Geburt dieser Liebe in einer finsteren Zeit.

Das Ehepaar Reich-Ranicki, 2008

Nun macht auch Teofila, bis dahin immer im Hintergrund, den Schritt nach vorne. Im Getto hat sie einst gezeichnet, was sie sah und erlebte, hielt den unendlichen Schmerz, den Hunger, die Gewalt und das Elend in Aquarellen fest: »Ich wollte, dass etwas übrigbleibt, damit die nächsten Generationen sehen, das war kein Puppenspiel.« Die Bilder erscheinen jetzt, ein halbes Jahrhundert später, unter dem Titel »Es war der letzte Augenblick. Leben im Warschauer Ghetto«. Diese beeindruckenden künstlerischen Arbeiten machen auch die Frau des berühmten Marcel Reich-Ranicki der Öffentlichkeit bekannt. Und Teofila gefällt es, vor den Kameras zu stehen.

Aus alldem den Schluss zu ziehen, das Ehepaar Reich-Ranicki habe sich die längste Zeit ihrer Gemeinsamkeit den alten Stereotypen ergeben – Mann im Scheinwerferlicht, Frau in seinem Schatten –, würde weder Marcel noch Teofila gerecht. Dazu sei Frank Schirrmacher zitiert, Herausgeber der »Frankfurter Allgemeinen Zeitung« und Freund der Reich-Ranickis, der in seinem Nachruf auf Teofila 2011 schrieb: »Wenn irgendetwas – neben allem anderen – staunenswert war an der Beziehung dieser beiden Menschen, dann das alles überragende, durch nichts zu erschütternde Maß an Loyalität.«

Es war eine große Liebe, eine große Freundschaft und die Sorge füreinander, die beide verband. Keiner konnte und wollte ohne den anderen sein – seit diesem schicksalhaften 21. Januar 1940.

Teofila Reich-Ranicki stirbt im April 2011, zwei Jahre vor ihrem Mann Marcel.

»Immer wieder haben wir versucht, unsere Trauer
zu vergessen und unsere Angst zu verdrängen,
immer wieder war die Literatur unser Asyl, die Musik
unsere Zuflucht. So war es einst im Getto,
so ist es bis heute geblieben.«

Marcel Reich-Ranicki an seine Frau an ihrem 79. Geburtstag

Yves Saint Laurent
Pierre Bergé

1936–2008 & 1930–2017

Es ist Liebe auf den ersten Blick, die den unter der Sonne Nordafrikas aufgewachsenen Jungstar bei Dior, Yves Saint Laurent, und den älteren französischen Journalisten Bergé gleichermaßen trifft, als sie sich 1958 begegnen. In ihrem gemeinsamen Unternehmen YSL wird Bergé stets im Hintergrund die Fäden ziehen, während Yves Saint Laurent allseits umschwärmt im Scheinwerferlicht steht, aber auch gegen Depressionen und Sucht ankämpft. Sie werden einander nie mehr ganz verlassen.

In Marrakesch, entlang der Rue Yves St. Laurent, erstreckt sich der Jardin Majorelle mit seinen bezaubernden Springbrunnen und Wasserläufen, seinen üppigen Seerosen und subtropischen Bäumen. Umgeben von dichtem Grün stößt man hier auf eine antike römische Säule mit der Inschrift »In memoriam Yves Saint Laurent. Couturier Français«.

An diesen seinen Lieblingsort war einer der begabtesten französischen Designer nach seinem Tod am 1. Juni 2008 zurückgekehrt – als Asche in alle Winde verstreut. Pierre Bergé, 50 Jahre lang sein Partner, hatte auf diese Weise von seinem Geliebten Abschied genommen.

Nicht weit von der Stele entfernt erhebt sich der rote Ziegelsteinbau des Musée Yves Saint Laurent Marrakech (mYSLm). Bauherr und Kurator war Pierre Bergé, der, nach dem Warum seiner Initiative befragt, antwortete: »Ich habe mein ganzes Leben damit verbracht, Yves Saint Laurent bei der Erschaffung seines Werks zu unterstützen, und ich möchte, dass es weiterlebt.« Als das mYSLm am 19. Oktober 2017 feierlich eingeweiht wird, fehlt Pierre Bergé jedoch – wie schon am 3. Oktober, als das von ihm gleichzeitig eingerichtete Museum im einstigen Pariser Stammsitz der Firma YSL eröffnet. Wenige Wochen zuvor, am 8. September, war Pierre Bergé im Alter von 86 Jahren gestorben.

Un coup de foudre

Gewissermaßen passt es, dass Bergé auch hier, am Ende seines Lebens, die öffentliche Resonanz auf seinen Beitrag am Erfolg von Yves Saint Laurent verwehrt bleibt. Denn in den 50 Jahren Gemeinsamkeit mit Yves Saint Laurent ist er stets der Mann im Hintergrund, derjenige, der seinem Geliebten und später seinem Freund, Gefährten und Schützling den Rücken freihält. Bergé verehrt in Saint Laurent den Künstler und dient dem Genie. Während Yves Saint Laurent im Scheinwerferlicht der Modewelt steht, zieht Bergé im Hintergrund die Fäden.

Bergé lernt Yves Saint Laurent 1958 kennen, da wird der junge Yves bereits als das große Talent der Pariser Haute Couture gefeiert. 1936 im algerischen Oran in einer wohlhabenden französischen Familie geboren, entwickelt Yves schon sehr früh ein Faible für Mode und Bühnenkostüme, nicht zuletzt dank seiner schönen und eleganten Mutter. Als 17-Jähriger reicht er erstmals Entwürfe für Modewettbewerbe in Paris ein, beginnt daraufhin eine Ausbildung zum Mode- und Bühnenzeichner, erhält 1954 für den Entwurf eines Cocktailkleides den ersten Platz und wird noch im selben Jahr von Christian Dior als Designer eingestellt. Seine Arbeiten dort sind so überzeugend, dass er nach Diors überraschendem Tod 1957 zum Art Director ernannt wird, gerade 21 Jahre alt.

Der sechs Jahre ältere, in einer liberal eingestellten Familie auf der Île d'Oléron geborene Bergé war nach Paris gekommen, um Schriftsteller und Journalist zu werden, widmet sich jedoch seit 1950 hauptsächlich dem Management seines Liebhabers, des Malers Bernard Buffet.

Als der selbstbewusste, unterhaltsame Bergé auf Yves Saint Laurent trifft, den »seltsamen, schüchternen Jungen, der sehr zugeknöpfte, enge Jacketts trug, als versuchte er, sich gegenüber der ganzen Welt abzuschirmen«, spürt er dessen Verwundbarkeit. Und es ist Liebe auf den ersten Blick, *un coup de foudre* – bei beiden. Pierre bringt Yves die gleiche bedingungslose Liebe entgegen, wie er sie von seiner Familie erfahren hat, und er hilft ihm, seine Homosexualität als natürlich gegeben anzunehmen: »Man ist homosexuell, so wie man Linkshänder ist, basta.« Später wird Yves Saint Laurent einmal über Bergé sagen: »Alles, was er hatte, fehlte mir. Seine Stärke bedeutete, ich konnte mich bei ihm ausruhen, wenn ich außer Atem war.«

Einen jähen Einschnitt in Karriere und Glück erlebt der gefeierte Jungstar 1960. Yves wird im Zuge des Algerienkriegs in die Armee eingezogen. Für den sensiblen, an das exklusive Leben gewohnten Yves eine Katastrophe. Den Anforderungen des Soldatenalltags ist er nicht gewachsen, und körperlichen sowie seelischen Demütigungen kann er nichts entgegensetzen. Er bricht zusammen und wird in eine Nervenheilanstalt eingeliefert, deren vorrangige Behandlungsmethoden damals noch in Elektroschocks und großen Mengen von Beruhigungsmitteln bestehen. Er gerät in einen gesundheitlich bedrohlichen Zustand, und nur Bergés Engagement ist es zu verdanken, dass sein Freund nach drei Monaten entlassen wird. Mit den Nachwirkungen dieses Aufenthalts wird Yves Saint Laurent jedoch sein ganzes Leben zu tun haben, seine Drogen- und Alkoholsucht nimmt hier ihren Anfang.

Damit nicht genug, hat Dior inzwischen einen anderen Chefdesigner eingestellt und Saint Laurents Arbeitsvertrag gekündigt. Wieder ist es Bergé, der nicht aufgibt. Er verklagt Dior erfolgreich, und mit der erstrittenen Entschädigungssumme als Grundlage gründen Yves Saint Laurent und Pierre Bergé 1961 ihre eigene Firma, die »Yves Saint Laurent Couture«, heute weltberühmt mit dem Logo YSL.

Aufstieg zur Weltmarke

Yves Saint Laurent reagiert mit Neugier auf die gesellschaftlichen Um-
brüche in den Sechziger- und Siebzigerjahren und sorgt immer wieder
für Überraschungen auf dem Laufsteg. Er kreiert als Erster transparente
Chiffonblusen, kombiniert bis dahin ungewöhnliche Farben – Schwarz
und Braun oder Orange und Rosa – , nimmt Anleihen an arabischer
und russischer Folklore, bringt mit den Mondrian-Kleidern Kunst in
die Mode, macht den Military- und Safari-Look gesellschaftsfähig und
erfindet den Hosenanzug und Smoking für die Frau. Die Mode ist inzwischen schnelllebiger, und Zigtausende für ein Kleid auszugeben,
sind immer weniger bereit. Am 26. September 1966 eröffnet YSL als
erstes Modehaus eine eigene Boutique für die Prêt-à-porter-Kollektion,
für Garderobe von der Stange, deren Preise nicht ins Uferlose gehen.
Zur Eröffnung kommen viele illustre Gäste, darunter die Schauspielerin Catherine Deneuve, eine enge Freundin Saint Laurents, auf deren
Bitte er für ihre Rolle in Buñuels Film »Belle de Jour« die Kostüme entwor-
fen hat. Der Boutique geben Saint Laurent und Bergé programmatisch
den Namen »Rive Gauche«, denn sie befindet sich auf der den Couture-

Pierre Bergé und Yves Saint Laurent in einem Theater in Paris, 1967

Häusern gegenüberliegenden Seite der Seine. Bereits am ersten Tag macht der Laden einen Umsatz von 24 000 Dollar, und dieser Erfolg setzt sich in den folgenden Jahren mit der Eröffnung weiterer Boutiquen fort: in New York, London, Tokio ...

Bergé baut indes neben seiner Arbeit für die Modenschauen das Lizenzgeschäft aus und sorgt so für die Gewinnmargen, die das Modehaus dringend braucht, denn bei der Auswahl der edlen Stoffe und der teuren Accessoires für die Couture-Mode schöpft sein Partner immer aus dem Vollen. Bald aber kann man unter dem Label YSL noch mehr kaufen: neben Tüchern, Schuhen, Taschen auch Kosmetika, Gürtel, Krawatten, Sonnenbrillen und sogar Zigaretten. Zu einem großen Erfolg auf dem internationalen Markt entwickelt sich die Parfümlinie; das Anfang der Siebzigerjahre kreierte »Opium« wird nach »Chanel N° 5« zu dem meistverkauften Parfüm weltweit. Für Aufregung sorgt Anfang der Siebzigerjahre die Werbekampagne für Yves Saint Laurents erstes Herrenparfüm mit einem Foto, auf dem er selbst nackt abgelichtet ist. Man reagiert gleichermaßen empört und begeistert – für Publicity sorgt es allemal.

Traumwelten

Der finanzielle Erfolg ermöglicht Bergé und Saint Laurent Ende der Sechzigerjahre den Kauf des Hauses in der Avenue Marceau 5 für den Firmensitz von YSL, das heute das Museum beherbergt, sowie ein neues, großzügiges Zuhause in der Rue de Babylone 55. »Wir verliebten uns sofort in die Wohnung«, erinnert sich Bergé. »Wir sammelten Art déco und fanden die schönste Art-déco-Wohnung.« Bergé ist ein leidenschaftlicher Kunstliebhaber, und Saint Laurent hat den Blick für erlesenes Dekor und Mobiliar. Im Lauf der Jahrzehnte tragen sie, gesegnet mit einem einzigartigen Stilgefühl, eine der größten privaten Kunstsammlungen zusammen. Ihre Wohnungen scheinen zu bersten von Gemälden, Möbeln und Kunstgegenständen jeder Art. Der Sammelleidenschaft frönen sie gemeinsam weiter, auch nachdem sie in ihrem Privatleben auf größere Distanz gehen und Bergé Ende der Siebzigerjahre eine eigene Wohnung bezieht Neben seinem Engagement für YSL geht er zunehmend modefernen Projekten nach – so leitet er einige Jahre die

Opéra Bastille und arbeitet für die Anti-Aids-Stiftung. Auch die Häuser, die Yves und Pierre gemeinsam in Marokko und in der Normandie erwerben, statten sie überaus prachtvoll aus. Ihre Räume erscheinen wie Trauminseln in einer Welt hektischer Betriebsamkeit, von der sich Yves immer mehr überfordert fühlt. Die vier Modenschauen im Jahr – Couture jeweils im Januar und im Juli, Prêt-à-porter jeweils im April und Oktober –, auf denen von YSL immer etwas Neues, Überwältigendes erwartet wird, setzen ihn enorm unter Druck. Vor den Schauen zieht er sich zumeist zurück in sein Märchenschloss in Marrakesch, um an den Entwürfen der neuen Kollektion zu arbeiten. Zunehmend jedoch wird er von Depressionen heimgesucht, denen er mit Hilfe von Alkohol und Drogen zu entfliehen versucht. Begleitet von einer schützenden Entourage aus Freunden und Freundinnen, zu der unter anderem der Tänzer Rudolf Nurejew und zwei seiner liebsten Models gehören, wird er Protagonist des internationalen Jetsets, pendelt zwischen den Klubs in Paris und New York, wo auch sein enger Freund Andy Warhol lebt.

Hinter den Kulissen ihrer Fashionshow, 2005

Pierre Bergé vor einem
Porträt von Andy Warhol,
das Yves Saint Laurent
zeigt, 1999

*»Man kann ein Genie, und das war er, nur begleiten,
man kann ihm helfen, Arbeit abnehmen.
Vor allem, wenn Liebe im Spiel ist. Denn Saint Laurent war
zunächst einmal mein bester Freund, 50 Jahre lang mein
Komplize und Lebenspartner, mein Geliebter,
der Mann, mit dem ich mich pacser ließ.«*

Pierre Bergé

(*pacser*: Kurzform des Wortes, das die französische juristische Form umschreibt,
eine Lebensgemeinschaft zu legalisieren)

1976 kommt es zu einem ersten Zusammenbruch, dem weitere Aus-
fälle folgen. Nach den Klinikaufenthalten fängt ihn Pierre immer wieder auf und kann ihn zur Rückkehr an den Zeichentisch bewegen. Er
kümmert sich um den Ablauf der Modenschauen, engagiert Ärzte, die
seinen Schützling nicht aus den Augen lassen. 1985 verkauft YSL die
Prêt-à-porter-Linie und widmet sich fortan wieder nur der Haute Couture. Nach einem längeren Klinikaufenthalt in den Neunzigerjahren
gelingt es Yves Saint Laurent schließlich, clean zu werden – und bleibt
es auch bis zu seinem Tod im Jahr 2008. Nachdem Saint Laurent an

einem Hirntumor erkrankt, weicht Bergé kaum mehr von seiner Seite. Wenige Tage vor seinem Tod erwirken beide noch eine rechtliche, dem Ehestatus ähnliche Anerkennung ihrer Beziehung.

Die Kunstsammlung lässt Bergé im Februar 2009 im Pariser Grand Palais versteigern. Auch hier nach dem Warum befragt, entgegnet er: »Mein Leben ist leer seit dem Tod von Yves. Als er mich verließ, habe ich alles verloren, was wichtig war. Was soll's, wenn ich jetzt nur mit leeren Wänden ... lebe?! Sein Andy-Warhol-Porträt bleibt hinter meinem Schreibtisch hängen, aber ich werde keine Bilder mehr kaufen.« Der Erlös aus der Sammlung von über 370 Millionen Euro geht zum Teil an die Aids-Stiftung, mit dem übrigen Geld finanziert Bergé das Andenken an seinen Geliebten und Freund Yves Saint Laurent, greifbar in den beiden Museen von Paris und Marrakesch.

Literatur

Anz, Thomas: Marcel Reich-Ranicki, München 2004

Bloch, Michael (Hg.): Die Windsors. Briefe einer großen Liebe. Die private Korrespondenz aus dem Nachlaß der Herzogin von Windsor, München 1992

Carlin, Peter Ames: Paul McCartney – Die Biografie, Höfen 2017

Chandler, Charlotte: Hitchcock. Die persönliche Biographie, München 2005

Charmely, John: Churchill. Das Ende einer Legende, Berlin 1995

Duff, David: Victoria und Albert. Eine königliche Liebe, München 1990

Dünnebier, Anna und Ursula Scheu: Die Rebellion ist eine Frau. Anita Augspurg und Lida G. Heymann. Das schillerndste Paar der Frauenbewegung, Kreuzlingen/München 2002

Fishman, Jack: Leben mit Winston, München 1965

Gersdorff, Dagmar von: Königin Luise und Friedrich Wilhelm III. Eine Liebe in Preußen, Berlin 1996

Giroud, Françoise: Alma Mahler oder die Kunst, geliebt zu werden, München 1997

Gorbatschow, Michail: Alles zu seiner Zeit. Mein Leben, Hamburg 2013

Gorbatschowa, Raissa: Leben heißt hoffen, Bergisch Gladbach 1991

Greiner, Margret: Auf Freiheit zugeschnitten. Emilie Flöge, München 2016

Haffner, Sebastian: Winston Churchill, Reinbek 2002

Hilzinger, Sonja: Christa und Gerhard Wolf. Gemeinsam gelebte Zeit, Berlin 2014

Hörner, Unda: Elsa Triolet u. Louis Aragon, Berlin 1998

Hustvedt, Siri: Being a Man. Essays, deutsche Übersetzung von Uli Aumüller, © 2006 Rowohlt Verlag GmbH, Reinbek bei Hamburg

Jagow, Kurt: Prinzgemahl Albert. Ein Leben am Throne. Eigenhändige Briefe und Aufzeichnungen 1831–1861, Berlin 1937

Jürgens, Unda: Raissa Gorbatschowa, Düsseldorf/Wien/New York 1991

Karl, Michaela: »Ich blätterte gerade in der Vogue, da sprach mich der Führer an«. Unity Mitford, Hamburg 2016

Kluy Alexander: Alfred Hitchcock, Ditzingen 2019

Köhler, Jochen: Helmuth James von Moltke. Geschichte einer Kindheit und Jugend, Reinbek bei Hamburg 2008

Königin Luise von Preußen: Briefe und Aufzeichnungen 1786–1810, München 1985

Malcolm, Janet: Zwei Leben: Gertrude und Alice, Frankfurt am Main 2008

Meding, Dorothee von: Mit dem Mut des Herzens. Die Frauen des 20. Juli, Berlin 1992

Meyer-Odewald, Jens: Ein Leben. Helmut und Hannelore Schmidt, Hamburg 2011

Moltke, Helmuth James von: Briefe an Freya. 1939–1945, hrsg. von Beate Ruhm von Oppen, München 1988

Montero, Rosa: Leidenschaften. Paare, die Geschichte schrieben, Hamburg/Wien 2000, S. 25–37

Murphy, Robert: Yves Saint Laurent & Pierre Bergé. Die Sammlung, München 2009

Ohff, Heinz: Königin Luise von Preußen. Ein Stern in Wetterwolken, 12. Aufl., München 2007

Purnell, Sonja: First Lady, London 2015

Rawsthorn, Alice: Yves Saint Laurent. Die Biographie, Reinbek 2000

Reich-Ranicki, Marcel: Mein Leben, DVA, Stuttgart 1999

Reich-Ranicki, Teofila: Doktor Erich Kästners Lyrische Hausapotheke. 50 Gedichte im Warschauer Getto aufgeschrieben und illustriert von Teofila, Deutsche Verlags-Anstalt, Stuttgart 2000

Reich-Ranicki, Teofila und Hanna Krall: Es war der letzte Augenblick. Leben im Warschauer Getto. Aquarelle und Texte, Stuttgart/München 2000

Rogasch, Wilfried (Hg.): Victoria & Albert, Vicky & The Kaiser. Ein Kapitel deutsch-englischer Familiengeschichte, Ausst.-Kat. DHM

Rolling Stone: Sammler-Ausgabe Paul McCartney, Berlin 2013

Souhami, Diana: Gertrude Stein und Alice B. Toklas, Frankfurt am Main 1998

Sounes, Howard: Paul McCartney. Das Porträt, München 2010

Stein, Gertrude: Autobiographie von Alice B. Toklas, Zürich 2006

Tretter, Sandra und Peter Weinhäupl (Hg.): Gustav Klimt – Emilie Flöge. Reform der Mode – Inspiration der Kunst, Wien/München 2016

Triolet, Elsa: Colliers de Paris, Dortmund 1999

Wolf, Christa: Ein Tag im Jahr 1960–2000, Berlin 2008

Wolf, Christa: Man steht sehr bequem zwischen allen Fronten, Briefe 1952–2011, Berlin 2016

Wolf, Christa: Stadt der Engel oder The Overcoat of Dr. Freud, Berlin 2010

Bildnachweis